기도에 닻을 정한 당신에게

작 은 기도 , 큰 응답

기도하며 진 정주

시간과 장소를 정하면 나타나는 기적

진약사의 기도학교

진약사의 기도학교

지은이 | 진정주
초판 발행 | 2022. 6. 15
등록번호 | 제1988-000080호
등록된 곳 | 서울특별시 용산구 서빙고로65길 38 두란노빌딩
발행처 | 사단법인 두란노서원
영업부 | 2078-3352　FAX | 080-749-3705
출판부 | 2078-3331

책 값은 뒤표지에 있습니다.
ISBN 978-89-531-4235-0 04230
　　　 978-89-531-4245-9 04230(세트)
독자의 의견을 기다립니다.
tpress@duranno.com　　http://www.Duranno.com

두란노서원은 바울 사도가 3차 전도여행 때 에베소에서 성령 받은 제자들을 따로 세워 하나님의 말씀으로 양육하던
장소입니다. 사도행전 19장 8-20절의 정신에 따라 첫째 목회자를 돕는 사역과 평신도를 훈련시키는 사역, 둘째 세계
선교(TIM)와 문서선교(단행본잡지) 사역, 셋째 예수문화 및 경배와 찬양 사역, 그리고 가정·상담 사역 등을 감당하
고 있습니다. 1980년 12월 22일에 창립된 두란노서원은 주님 오실 때까지 이 사역들을 계속할 것입니다.

시간과 장소를 정하면
나타나는 기적

진약사의 기도학교

진정주
지음

목차

3부

은사 체험 기도

4부

능력 체험 기도

프롤로그

벗어나고 싶었던 곳에서 하나님을 만나다

하나님은 이야기를 만드시는 분입니다. 하나님의 책인 성경은 믿음의 사람들과 함께하신 그분의 이야기로 가득하지요. 유튜브 〈진약사의 10분 성경톡〉의 '기도학교'는 제 삶에 오셔서 걸음걸음 인도하신 바로 그 하나님의 이야기입니다. '기도학교'는 저에게 즐거움입니다. 아무리 피곤해도 '기도학교' 강의를 위해 카메라 앞에 앉으면 이내 만면에 웃음이 지어집니다.

25년 넘게 약국을 운영한 경험을 토대로 약과 건강에 대한 〈진약사톡〉이라는 유튜브 채널을 먼저 시작했지만 제 열망은 성경과 복음 메시지였습니다. 〈진약사톡〉이 시작 6개월 만에 큰 인기를 얻어 약국이 문전성시를 이루고 구독자도 연일 증가하여 그 영상 제작만으로도 버거웠을 무렵, 저는 〈진약사의 10분 성경톡〉을 과감하게 시작했습니다. 성경이나 하나님에 대한 영적인 이야기는 재미가 없을 테니 10분으로 짧게 하자는 판단이었고, 그 첫 영상이 '창세기와 시편 - 하나님의 이야기'였습니다.

〈진약사톡〉과 달리 〈진약사의 10분 성경톡〉은 인기가 별로 없었습니다. 저는 하나님의 백성들을 만나기란 본래 쉽지 않은 거라 스스로를 다독였습니다. 그렇게 꼬박 3년이 지났을 무렵, 우연히 '기도학교'를 시작하게 되었습니다. 1월에 첫 영상이 업로드되자 같은 달 20일경부터 조회수가 급증했고 하루가 다르게 구독자가 늘어 마치 3년간의 공로를 한꺼번에 보상받는 기쁨을 맛보았습니다. 기도를 갈망하는 하나님의 백성이 이렇게 많을 줄 상상이나 했을까요.

> "너희가 골방에서 귀에 대고 말한 것이 지붕 위에서 전파되리라"(눅 12:3).

전도와 가르침은 오래전부터 제 소원이었습니다. 하지만 내 몸은 작은 약국 안에 갇힌 듯, 하루 열 시간 넘게 직업 전선에 매여 있었습니다.

"하나님, 제 인생이 약국 안에서 끝나겠어요. 저한테도 꿈이 있는데…. 오대양 육대주가 있건만 이 작은 약국 안에만 있다니요."

언제부턴지 푸념처럼 하나님께 올려드린 기도였는데, 모든 것을 다 아시는 하나님이 정확한 그분의 때에 유튜브 〈진약사톡〉으로 먼저 길을 여시고 뒤이어 〈진약사의 10분 성경톡〉과 '기도학교'로 날개를 달아 주셨습니다. 이젠 정말 골방에서 말한 것을 지붕 위에서 전파하게 된 것입니다.

벌써 30년이 넘었지만 처음 기도를 시작할 때 어찌할지 막막해하던 저를 떠올리면 그간 함께해 주신 하나님의 은혜가 주마등처럼 지나갑니다. '기도학교' 강의를 하다 보니 하나님께 받았던 책망과 제 실수가 더 빛이 났습니다. 제 시행착오가 기도를 사모하는 이들에게 더 도움이 되다니 하나님의 섭리에 절로 감탄하게 됩니다.

저는 언제나 기도가 어려웠습니다. 시작한 지 10년을 넘길 때도 여전히 기도는 자연스럽지 않았습니다. 그래도 매번 나를 끌어 기도의 자리에 앉힐 수 있었던 것은 제 삶의 절박한 필요와 정확하게 응답하시는 하나님의 말씀이 있었기 때문입니다.

저는 목회자 사모이지만 한편 약사이고 직업인으로서 시간에 쫓기는 워킹맘이었습니다. 가정을 세우고 더불어 교회를 세워야 하는 사명이 저를 기도하는 삶으로 이끌어 왔습니다. 현실 문제에 시달리던 제게는 실제적인 하나님의 손길이 절실했고, 때마다 제 손을 이끌어 주신 하나님의 말씀이 있었습니다.

구약 성경 인물인 다니엘은 이런 저의 현실에 가장 모범적인 기도자였습니다. 그는 이방 땅 바벨론에 포로로 잡혀간 소년 시절부터 하나님께 뜻을 정했고, 국무총리로서 삼엄한 일정을 소화하면서도 한결같은 기도 자세로 하루 세 번 무릎 꿇은 신앙인이었습니다.

제가 눈여겨본 것은 따로 있었습니다. 소년 시절에도 느부갓네살왕의 꿈을 해석한 기적이 있었지만, 정작 다니엘을 다니엘답게 만든 것은 그의 기도 생활이 수십 년 축적된 이후였습니다. 기도는 그렇게 멈추지 않고 계속하는 것입니다. 하지만 요즘 이 세대에 누가 그럴 수 있을까요. 더구나 평신도로서는 쉬운 일이 아닙니다.

누군가 불가능한 일을 가능으로 바꾼 전례가 있다면 우리는 한결 쉽게 그 일을 이루어 낼 수 있습니다. 다니엘의 기도는 일과 사역을 하나로 이루어 내야 했던 제게 아주 좋은 사례였습니다. '기도학교'를 선택하신 여러분에게 제 기도가 좋은 선례가 되길 바랍니다.

하나님은 기도자에게 넉넉한 상급을 주십니다. 끝이 보이지 않던 저에게 하나님의 복리 축복이 쏟아지고 있습니다. 벗어나고 싶었던 약국은 이제 더 많은 사람을 만나고 내게 행하신 하나님의 역사를 힘 있게 증거할 무대가 되었습니다.

영상으로 선보인 '기도학교'를 책으로 내게 되어 무척 기쁩니다. 여러분에게 이 책과 영상이 좋은 선물이 되기를 진심으로 기도합니다.

2022년 6월
진정주

1부

기도의 시작

1강

함께 배우는 기도

주의 이름을 부르는 자는

<진약사의 기도학교>
유튜브 1강 바로 시청

1강은 기도의 시작에 대한 것입니다. 여러분은 기도의 맨 처음을 어떻게 시작하세요? 기도의 형식은 초등학교 국어 시간에 배웠던 편지 쓰기와 비슷해요. 맨 처음에 편지 받을 사람의 이름을 쓰지요. 영어로 편지를 쓸 때도 'Dear 아무개'라고 하듯이 기도도 마찬가지예요. 하나님께 올려드리는 이야기거든요. 맨 처음에 할 것, 아니 어떻게 보면 기도의 전부라고 해도 될 만큼 중요한 것은 하나님의 이름을 부르는 거예요. 본론이 없어도 돼요. 기도의 처음부터 끝까지 채워도 되는 것이 하나님의 이름이에요. 우리가 하나님의 이름만 잘 불러도 그 기도는 이미 완성된 것이나 다름없어요.

주의 이름만 간절히 불렀던 사람, 바디메오

성경에서 하나님의 이름을 누구보다 많이 불렀던 사람이 누굴까 생각해 보니 여리고성의 바디메오라는 거지가 떠올랐어요. 바디메오는 날 때부터 시각장애인이었어요. 게다가 이름도 없었어요. 바디메오는 정식 이름이 아니라 디메오의 아들이라는 뜻이에요. 그냥 자기 아버지의 아들이라는 뜻이죠. 가난한 데다 장애인 복지도 없었을 그 시절에 눈까지 멀었으니 할 수 있는 일이라고는 여리고성 한쪽에서 구걸하는 게 전부였어요.

그 바디메오가 어느 날 나사렛 예수에 대한 소문을 들었어요. 예수가 자기 같은 소경의 눈을 뜨게 한다는 거예요. 그는 깜짝 놀랐어요. 본래 이스라엘의 역사에는 기사와 이적이 많았어요. 이스라엘 민족이 하나님의 백성이었으니까요. 하나님께서는 홍해와 요단강을 가르시고, 40년 동안 광야에서 만나를 내려 먹게 하시고, 엘리야 시절에는 많은 병자를 치료하고 죽은 사람도 살리셨지요. 상상도 할 수 없는 기적의 이야기들이 수없이 많이 전해 내려왔지만, 그중에는 자기처럼 날 때부터 소경인 자의 눈을 뜨게 한다는 기적은 없었어요.

하나님의 말씀에 '언젠가 앉은뱅이를 일으키고 귀머거리를 듣게 하고 소경의 눈을 뜨게 할 자가 나올 텐데 그 사람이 바로 하나님이 보낸 메시아다'라고 했지만, 그냥 얘기만 있었을

뿐 메시아가 언제 올지는 알 수 없었어요. 그러다가 자기와 같은 사람의 눈을 뜨게 한다는 나사렛 예수에 대한 소문을 들은 거예요. 게다가 그분이 다윗의 자손이라니 놀라지 않을 수 없었지요. 다윗의 자손이라는 말은 메시아라는 의미니까요. 바디메오는 기다렸어요. 기다리는 것 말고는 할 수 있는 게 없었어요. 거지에 소경인 그가 예수님이 어디에 계신 줄 알고 찾아가겠어요. 그는 자신이 처한 영역을 벗어날 수 없었어요.

그러던 어느 날 여리고성 앞을 예수님이 지나가셨어요. 주변이 소란스러워지자 그가 사람들에게 무슨 일인지 물어봤겠죠. 나사렛 예수가 지나가신다는 대답을 듣는 순간, 바디메오는 생각할 것도 없이 있는 힘껏 "다윗의 자손 예수여, 나를 불쌍히 여기소서"라고 소리쳤어요. 이 외침이 바로 바디메오의 기도였어요. 우리도 이렇게 기도하면 돼요.

"다윗의 자손 예수여, 나를 불쌍히 여기소서."

요즘 저는 아침 여섯 시쯤 일어나서 눈만 닦고 대충 옷 입고 5분 거리에 있는 교회로 걸어 가요. 예배당에 앉아 이 기도를 따라 해요. "하나님, 다윗의 자손 예수여!" 하고 예수님 이름을 부르는 거예요. '다윗의 자손 예수'라는 말은 메시아 예수를 뜻해요. 하나님의 아들이라는 뜻이지요. 그 안에는 많은 뜻이 담겨 있어요. 그리고 '나를 불쌍히 여기소서'라는 말 안에는 '나는 죄인이고 당신은 거룩한 자입니다. 당신께서 한 말씀만 하시면 내가 나을 수 있습니다'라는 믿음이 함축되어 있어요. 그래서 바디메오는 "다윗의 자손 예수여, 나를 불쌍히 여기소서"라는 말만 목이 터져라 외쳤어요.

예수님께서 사람들에게 그를 불러오라고 하시자, 바디메오는 겉옷도 벗어던지고 쫓아갔어요. 그의 입장에서 겉옷을 벗어던진다는 것은 무척 어려운 일이었어요. 겉옷은 거지로서 구걸할 수 있는, 로마가 준 면허 같은 거예요. 그리고 단순히 옷이 아니라 이불이자 자신의 전 재산이기도 해요. 하지만 바디메오는 예수님께서 자기를 부름과 동시에 자신의 문제가 단번에 해결되었다고 믿었어요. 그래서 겉옷을 던져 버리고 앞이 보이지 않는데도 예수님께로 뛰어갔어요. 이런 믿음은 흔치 않아요.

여러분은 하나님의 이름을 어떻게 부를 수 있을까요? 예수님은 우리에게 주기도문을 가르쳐 주시면서 '하늘에 계신 우리 아버지여'라고 부르라고 말씀해 주셨어요. 이것은 이름을 부르는 것과 마찬가지죠. 이름만 계속 불러도 기도가 돼요. 그러면서 여러분의 소원을 하나님께 아뢰는 거예요. 그때 우리의 어조는 겸손해야 해요. 우리가 죄인이라는 것을 인정하면서 드리는 기도니까요. 하지만 하나님이 거룩하시다는 것은 알겠는데 내가 죄인이라는 것은 잘 모르겠다는 생각이 드는 사람도 있을 거예요. 그런 분들에게 제가 예전에 들었던 간증을 전하고 싶어요.

어떤 목사님이 신앙생활을 시작했을 때 아무리 애써도 자기 죄가 생각나지 않더래요. 그래서 이렇게 기도했다고 해요.

"하나님이 살아 계시면 제 죄를 보여 주세요."

그런 기도를 며칠째 계속했더니 정말 하나님이 그가 얼마나 죄인인지 보여 주셨어요. 목사님은 그날 이후로 자기가 죄인이라는 것, 하나님이 거룩하시다는 것을 깨닫게 되었고 그분의 이름을 부르며 신실한 신앙인으로 첫발을 뗄 수 있었다고 합니다.

바디메오는 예수님의 이름을 '다윗의 자손 예수여' '메시아이신 예수여' '우리의 구원자이신 예수여'라고 불렀어요. 그밖에도 우리는 주기도문에 나와 있는 것처럼 '거룩하신 하나님' '하늘에 계신 우리 아버지여'라고 부를 수도 있고, 또 예수님 이름 앞에 예수님을 표현하는 다른 말을 붙일 수도 있어요. 질병의 치료를 원하면 '혈루증 여인을 고쳐 주신 예수님' '병자를 치료하신 예수님' '아픈 사람들을 치료하기 위해 이 땅에 오신 예수님'이라고 불러 보세요.

또는 자신에게 어떤 문제가 있어서 너무 마음이 괴롭고 힘들 때는 '우리에게 평강을 주시는 하나님'이라고 계속 불러 보세요.

"하나님, 우리에게 평강을 주신다고 하셨죠? 하나님, 저에게 평강을 주세요. 하나님, 저에게 평강을 주세요. 하나님은 평강의 하나님이시니, 선하신 하나님, 저에게 오셔서 평강을 주시옵소서."

이렇게 기도해도 돼요.

반복해서 하는 기도
― 중언부언일까

또 한 가지 방법을 알려 드리자면, 반복해서 하나님의 이름을 부르는 것만으로도 기도가 된다는 거예요. 어떤 사람은 기도할 때 같은 말을 반복하면 안 되는 것으로 오해해요. 예수님께서 "또 기도할 때에 이방인과 같이 중언부언하지 말라 그들은 말을 많이 하여야 들으실 줄 생각하느니라 그러므로 그들을 본받지 말라 구하기 전에 너희에게 있어야 할 것을 하나님 너희 아버지께서 아시느니라"(마 6:7-8)라고 말씀하신 성경구절을 예로 들며, 같은 말을 반복해서 기도하면 안 된다고 생각하는 것이지요. 하지만 중언부언하지 말라는 말은 그런 뜻이 아닙니다. 같은 말을 반복한다는 뜻이 아니고 무슨 말인지 자기도 잘 모르는, 분명하지 않은 말을 에둘러 하는 것을 의미합니다. 우리도 사람들과 얘기할 때 "너 지금 무슨 말을 하고 싶은 거야? 단도직입적으로 말해 봐"라고 말할 때가 있죠?

기도할 때 자기 마음속에 간절한 소원을 바로 하나님 앞에 내놓지 않고 에둘러서 엉뚱한 얘기만 하는 사람들이 있어요. 그런 식의 기도를 해야 자기가 믿음 좋은 사람으로 여겨진다고 생각하는 것이죠. 자신의 것을 구하는 대신 기도하는 내내 나라와 민족을 위해, 핍박받고 고통받는 사람을 위해, 정의를 위해서라고 늘어놓는다면 그것이 바로 중언부언하는 기도입니다. **진심이 실리지 않고 남들 눈에 그럴듯해 보이게 하는 기도, 하나님 앞에 겉치레가 되는 기도를 중언부언하는 기도라고 하는 거예요.**

얼마 전에 돌아가신 조용기 목사님 간증 영상을 본 적이 있어요. 그분은 장이 약해서 40년 동안 장염을 앓으셨대요. 젊은 시절에 폐결핵을 심하게 앓으면서 수술도 받고 항생제를 많이 먹어서 장이 상했다고 하더라고요. 부산 출신이라 해물을 무척 좋아하는데 굴 한 젓가락만 먹어도 계속 화장실에 가야 하고 배가 아파서 살 수 없었다고 해요. 조용기 목사님이 많은 병자를 치료하셨지만, 정작 자신은 40년 동안 장염을 달고 살았다는 얘기죠.

어느 날 하나님께서 조 목사님한테 "너는 왜 네 장염을 위해서 기도하지 않느냐?"라고 물으셨대요. **"하나님, 제가 40년 동안 기도했는데 하나님이 안 고쳐 주셨잖아요?" 했더니 하나님께서는 "네가 이슬비처럼 기도하니까 그렇지"** 하시더래요. 그 말씀에 조 목사님이 "저는 장염이 제 육체의 가시인 줄 알았습니다. 사도 바울에게 육체의 가시가 있다고 해서 저도 그런 줄 알았습니다"라고 대답했더니 하나님께서 "너는 삼층 천까지 갔다 왔느냐?" 하고 물으셨다고 해요.

사도 바울은 삼층 천까지 갔다왔어요. 삼층 천은 4차원의 영적인 세계를 의미하지요. 사도 바울은 거기까지 갔다왔기에 자신이 받은 계시가 너무 커 자신을 겸손하게 하려고 하나님께서 육체의 가시를 주셨다고 말했어요.

하지만 조 목사님은 "너는 삼층 천까지 갔다 왔느냐"는 하나님의 질문에 "아니요. 저는 못 가봤습니다"라고 대답할 수밖에 없었어요. 하나님은 "그렇다면 그것은 육체의 가시가 아니다. 너에게는 내가 준 계시도 없으니 장염은 그냥 네가 가지고 있는 질병이다"라고 말씀하셨다고 해요. 그러면서 "이슬비처럼 기도하지 말고 집중적으로 장염만을 위해 기도해 봐라"라고 이야기해 주셨다고 해요. 40년이나 한 가지 질병을 가지고 기도했던 조 목사님. 그분이 40년을 기도했는데도 또다시 하나님께 새로운 차원의 기도를 배우셨다는 얘기죠. 그래서 당장한 시간 동안 장염을 고쳐 달라고 같은 말을 반복했대요. "하나님, 제 장을 고쳐 주시옵소서"라고 한 시간 기도하자 그대로 장염이 나았다고 해요.

여러분, 주의 이름을 원하는 만큼 부르세요. 그의 이름을 부르는 것이 기도예요. 하나님께서도 "누구든지 주의 이름을 부르는 자는 구원을 받으리라"(행 2:21), 즉 '마음을 다해 내 이름을 부르라'고 말씀하셨어요. 그 하나님의 이름은 치유의 하나님, 평강을 주시는 하나님, 질병을 치료하시는 하나님, 우리를 부요케 하시는 하나님, 화평케 하시는 하나님, 위기에서 건져 주시는 하나님…. 여러 가지가 다 가능해요. 그런 하나님의 이름을 반복해서 부르는 것 자체만으로도 기도가 된다는 것을 말씀드리고 싶어요.

또 이런 기도를 반복해서 하다 보면 언어가 다양해져요. 아기가 맨 처음 하는 말이 '엄마, 아빠'를 부르는 것처럼 우리가 기도의 첫발, 즉 하나님 언어의 영역에 들어가는 첫발도 하나님 아버지의 이름을 부르는 것이에요. 가장 깊은 기도에 들어가서도 결국에는 하나님의 이름을 부르는 범위에서 벗어나지 않아요. 이것이 오늘 우리가 배운 기도 1강입니다.

하나님, 감사합니다. 우리에게 기도의 언어를 주셔서 감사합니다. 오늘 이 시간을 통해 많은 분이 하나님의 이름을 부를 텐데, 어떤 이름을 어떻게 불러야 할지 주님께서 친히 가르쳐 주시옵소서. 주님은 우리에게 보석과 같은 존재입니다. 우리에게 기도할 수 있는 예수 그리스도의 이름을 주신 것, 그리고 예수께서 행하신 그 많은 기적을 우리가 성경 복음서를 통해 다 보게 하신 것 감사합니다. 구약 성경에서도, 신약 성경에서도 예수님을 발견하고, 그 예수 그리스도를 통해서 우리를 만드신 아버지 하나님을 발견합니다. 우리가 주의 이름을 부를 때마다 우리에게 응답하소서. 우리 삶에 평강을 주시옵소서. 예수님의 이름으로 기도합니다. 아멘.

2강
시간과 장소를
정하면 나타나는 기적

기도는 하나님과의 약속이에요

<진약사의 기도학교>
유튜브 2강 바로 시청

기도할 시간과 장소가 주는
특별한 성령 체험

2강에서는 기도의 3요소에 대해 말씀드리려고 해요. 제 남편 목사님이 성도들에게 자주 강조해서 하는 말이 있어요. 지속적으로 기도하려면 반드시 세 가지 중요한 요소를 갖춰야 한다고요. 바로 기도할 시간, 기도할 장소, 기도할 제목이에요. 저는 여기에 한 가지를 더 보태고 싶은데 뭔가를 기록할 노트가 있으면 좋아요.(기도노트 활용법은 3강에서 자세히 설명할게요.)

오늘은 그 세 가지 중 시간과 장소에 대한 얘기를 하려고 합니다. 기도를 하려면 정해 놓은 시간이 있어야 해요. 하나님 앞에 나가기 좋은 시간이요. 한국에서는 아직도 많은 크리스천이 기도 하면 새벽기도를 먼저 떠올려요.

새벽기도만? 점심, 저녁 어느 때라도

저도 교회 사모로서 새벽기도를 해야 한다는 부담감이 지금
도 없지 않아요. 대학 시절에는 새벽기도를 다녔지만, 졸업하
고 생활 전선에 뛰어든 이후로는 새벽기도에 갈 수가 없었어
요. 특히 교회를 개척하고 나서는 정말 열심히 새벽기도에 참
석해야 했는데 그러지 못했어요.

저는 약국을 운영하는데, 새벽기도를 다녀온 날은 약국에서
일을 할 수 없을 만큼 머리가 아프고 업무가 불가능한 거예요.
**직장 다니면서 새벽기도를 쉬지 않고 하기란 거의 불가능하
다는 생각이 들었어요. 그래서 제 나름대로 살아갈 방편을 찾
았어요.** 제게 기도는 생명줄이기 때문에 반드시 해야만 했거
든요. 교회 사모로서 남들 보기에 좋은 명목상의 기도가 아니
라 제가 살기 위해, 그리고 교회를 세우는 사명을 감당하기 위
해 반드시 기도를 해야 했어요. 기도를 하지 않으면 당장은 모
르겠지만 1년, 2년이 지나면 표시가 날 수밖에 없어요. 목회자
가정이 정신적, 물질적으로 마귀의 공격을 가장 많이 받기 때
문이에요. 그래서 어떻게 할까 고민하다가 저녁에 기도하기로

정했어요.

교회 개척 초기에는 우리 교회가 약국에서 15분 정도 거리에 있었어요. 그래서 점심시간에 밥을 먹는 둥 마는 둥 하고 교회에 갔어요. 약국에서 출발하면서부터 기도하기 시작해서 교회에 도착해 마저 기도를 했어요. 기도를 끝내고 돌아오는 중에도 계속 하나님을 찬양하며 밀도 있게 기도하기를 원했어요. 약국 업무가 끝나면 저녁 8시였는데 성전에 들러서 30분에서 한 시간 정도 마무리 기도를 하고 퇴근하는 방법을 택했어요. 그래서 우리 아이들은 엄마와 보내는 시간을 많이 잃어버리고 말았지만, 어쩔 수 없었어요. 기도 시간을 내려면 다른 뭔가를 희생해야 하니까요. 그런 식으로 새벽기도 대신 점심과 저녁 시간을 쪼개서 하나님 앞에 매일 나갔어요.

기도 장소는

제가 처음부터 성전에서 기도한 것은 아니었어요. 성전이 생기기 전 교회 개척을 앞두고 저희 부부는 3년간 준비 기도를 했어요. 하나님께서 저희에게 "3년 뒤에 개척하라"는 말씀을 주셨거든요.

당시에는 형편이 쪼들리고 힘들게 살았어요. 그런 상황에서

3년 뒤에 개척이라니 발등에 불이 떨어진 것 같은 느낌이 들어서 전적으로 기도에 매달렸어요. 그때 기도 장소로 삼은 곳은 우리 가족이 세 살던 다가구 주택 옥상이었어요. 옥상은 주민들의 공용 장소였어요. 그때는 밤 열 시까지 약국을 운영해서 약국 업무를 끝내고 열 시 반쯤 옥상에 올라가 기도를 했어요. 겨울에는 너무 추워서 힘들었고, 여름에는 술 마시는 사람들 때문에 시끄러웠어요. 옆집 옥상에서 술 마시고 고기 구워 먹는 사람들에게 제가 기도하는 모습이 보일까 봐 걱정하곤 했어요. 다행히 우리 건물 옥상에서는 그렇게 하는 사람들이 없어서 무사히 기도할 수 있었어요. 이렇게 시간과 장소를 정해 놓고 그 시간이 되면 내 몸을 거기에 갖다 놓아야 해요.

제가 이렇게 말하는 것은 시간과 장소를 정해 놓지 않으면 기도를 계속할 수 없기 때문이에요. 누구나 마찬가지예요. 우리는 세상 일로 너무 분주해요. 그런 상황에서 기도는, 그것도 혼자 하는 기도는 보통 마음가짐으로는 할 수 없어요. 보이는 것도 없고 잡히는 것도 전혀 없는 가운데 혼자 하나님 앞에 나와 그분에게 내 생각을 다 올려드리고 하나님과의 소통을 시도해 본다는 것은 정말 쉽지 않은 일이에요.

저는 10년이 될 때까지도 매번 기도하러 갈 때마다 억지로 제 몸을 그곳에 끌어다 놓는 기분이었어요. 15년을 해도 그랬던 것 같아요. 지금은 20년이 훨씬 넘어 25년 남짓이 되었는데, 이제는 기도가 자연스러워요. 기도를 안 하는 것이 이상할 만큼요. 그것이 바로 훈련인 것 같아요. 내 몸과 마음과 영혼을 훈련시키는 방법은 시간과 장소를 정해 놓고 그 자리에 내 몸을 앉혀 놓는 것이에요.

기도제목

그런 다음에는 입에서 기도제목이 탁 나와야 해요. 기도제목이 간절할수록 1강에서 말씀드렸듯이 하나님의 이름이 속에서 저절로 터져 나와요. 기도제목이 없으면 기도 자리에 앉아도 어떻게 시작해야 할지 잘 상상이 가지 않아요. 예수님은 우리에게 "너는 기도할 때에 네 골방에 들어가 문을 닫고 은밀한 중에 계신 네 아버지께 기도하라"(마 6:6)고 말씀하셨어요. 이 말씀은 정말 진리예요. 누구에게 보여 주려고 기도하다 보면 늪에 빠지기 쉬워요. 그런 기도는 계속하기도 어렵고 하나님 앞에 칭찬받는 영적인 성장을 이루기도 어려워요. 결국 매일 하는 기도는 아무도 보지 않는, 혹은 누가 보든 신경 쓰지 않는 나와 하나님의 은밀한 소통이 되어야 하는 것이죠. 이렇

게 시간과 장소를 정해 놨을 때 어떤 효과가 있는지 저는 분명
한 체험을 한 적이 있어요.

나보다 먼저 나를 기다리신 하나님

다가구 주택 옥상에서 기도하던 시절에 있었던 일이에요.
제 나이가 서른 살 정도였는데 셋째를 낳고 얼마 안 됐을 때였
어요. 약국 일을 끝내고 집에 올라가면 올망졸망한 삼남매가
저를 기다리고 있었어요. 아이들과 같이 있고 싶지만, 잠깐 얼
굴 보고 안아 준 다음에 두꺼운 롱파카에 모자와 장갑으로 중
무장을 하고 눈만 내놓은 채 바로 옥상으로 올라갔어요. 그렇
게 입지 않으면 한겨울 추위를 버틸 수가 없었거든요.

어느 날은 정말 몸도 피곤하고 추워서 올라가기 싫었어요.
시계를 보니 열 시 반이 됐어요. 저는 '내가 하나님께 기도하지
않으면 어린 아이들과 남편은 어떻게 하나. 앞으로 교회도 세
워야 하는데 기도는 해야지' 그렇게 마음을 고쳐먹고 억지로
몸을 이끌고 계단을 올라가는데 마치 사형 집행장에 가는 것
같았어요. 그날은 옥상에 가기가 끔찍이도 싫었던 것 같아요.
그런데 그날 놀라운 체험을 했어요. 손잡이를 돌려 문을 열었

더니 찬바람에 철문이 저절로 척 하고 큰 소리를 내며 활짝 열렸어요. 세상에! 그 문이 열린 곳이 천국이더라고요.

제가 문턱을 넘자 옥상 바닥에 하얀 연기가 자욱하게 깔려 있는 것 같았어요. 드라마에서 신비로운 천사가 나타날 때 바닥에 연기가 깔리는 무대효과처럼요. 분명 옥상은 추운 곳인데 그날도 혹독하게 추운 날이었는데 그렇게 포근할 수가 없었어요. 한 걸음 한 걸음을 떼는 그곳이 하나님의 품이었어요. 전 너무 놀랐어요. 20년 전의 일이지만, 지금도 그때를 잊을 수가 없어요. 그날은 하나님이 제게 특별한 체험을 주신 날이니까요.

하나님과의 만남
— 현실 문제 응답은 덤으로

그 무렵 약국 운영 문제로 마음이 답답하고 힘들어 하나님께 기도하며 약사를 더 써야 하는지 질문한 적이 있었어요. 약사를 더 쓰면 인건비가 나가야 하는데 그럴 형편이 못 되니 몸으로 때워야 했거든요. 약국을 유지하고 생활에 필요한 돈을 모으는 것조차 어려웠어요. 그렇지만 정부 방침에 따르면 처방전이 약사 1인당 75건이 넘으면 상당한 액수의 조제료를 정부에서 가져간다는 거예요. 말하자면 '조제료 삭감'인데요, 그러면 내가 아무리 애를 써도 조제료가 깎이니 차라리 약사를 쓰는 게 나을까? 아니면 인건비가 많이 나가니 지금처럼 혼자하는 게 맞는 걸까? 어떻게 해야 할지 몰라 답답하고 힘들었는데, 그날 그 질문에도 하나님이 바로 대답해 주셨어요.

"아직은 약사를 안 써도 된다."

저의 고민이 단번에 해결되었어요. 나중에 더 많이 힘들어졌을 때 혹은 약국이 제자리걸음일 때 하나님의 그 말씀을 두고두고 곱씹었어요. 아직은 약사를 안 써도 된다는 말은 언젠가 약사를 써야 할 만큼 약국이 성장할 때가 온다는 뜻이잖아요. 그래서 '나는 왜 아무리 애를 써도 사업이 확장되지 않을까?' '약국을 접을 수도 없고 끝도 없이 안고 가야 할까' 하는 생각에 위축될 때마다 그 말씀을 떠올렸어요. 그날 그 시간에 하나님은 먼저 와서 기다리셨고, 저의 장래에 약국 운영 방향까지 짚어 주셨습니다. 그 경험은 잊을 수가 없어요.

기도는 하나님과의 약속

저 같은 체험을 한 사람은 많아요. 그중에 한 사람을 꼽는다면 감리교 창시자로 기독교 역사에서 길이 남을 인물인 요한 웨슬리예요. 그는 평생을 기도한 인물로 정평이 나 있어요. 요한 웨슬리가 기도실이자 자신의 집무실로 썼던 방이 기념관으로 남아 있어요. 그 기념관을 방문했던 어떤 목사님 일행이 그 기도실에서 깊은 감동을 받은 나머지 무릎 꿇고 기도를 하기로 했대요. 요한 웨슬리가 평생 기도했던 곳에서 그 일행이 다 같이 기도하자 거기서 성령의 불길이 일어났다고 해요. 그 방에 지금도 기름 부으심이 있다는 얘기죠. 이처럼 늘 기도하는 나만의 장소가 있다는 것, 그렇게 기도처를 정한다는 것은 하나님과의 약속이고 중요한 의미가 있어요.

여러분, 자녀가 잘되길 바라나요? 5년, 10년 후에 하나님 은혜의 길로 더 깊이 들어가길 원하나요? 그렇다면 매일 하나님과의 약속 시간을 정해 놓으세요. 기도하는 시간을 정하는 거예요.

다니엘 기도회에 나와서 간증했던 분이 있는데, 그분은 수학 1타 강사였어요. 아침 7~8시에 자기 방에서 늘 기도 시간을 가졌다고 해요. 그것도 참 좋은 방법인 것 같아요. 아침에 기도하는 그 시간만큼은 어떻게 하든지 무릎을 꿇고 전능하신 하나님을 만나기 위해 애쓰는 순간이에요. 기도 노트를 써서 거기에 적힌 내용을 보고 말씀에 적용해 가면서 그곳에서 그렇게 기도하는 거예요. 성경을 보면 이렇게 정해진 장소에서 오랫동안 하나님을 기쁘시게 하는 기도를 올려서 많은 사람을 놀라게 한 인물이 있어요. 바로 사무엘이에요.

사무엘상 1장 1절은 "에브라임 산지 라마다임소빔에 에브라임 사람 엘가나라 하는 사람이 있었으니"로 시작해요. 에브라임 산지 라마다임소빔은 지금으로 치면 지명, 즉 그 사람이 사는 주소예요. 이곳에 엘가나라는 사람이 살았는데 그의 아내 한나가 하나님께 서원 기도해서 아들을 낳았어요. 그가 바로 사무엘이에요. 한나와 엘가나는 그들 사이에서 태어난 아들 사무엘이 젖을 떼자 실로에 있는 하나님의 성막에 보내 대제사장 엘리를 도와 헌신하도록 했어요.

하지만 나중에 사무엘은 대제사장 엘리가 저지른 잘못으로 실로의 성막이 훼파되자 자기 고향으로 돌아오게 됩니다. 그 후 어떻게 살았는지는 사무엘상 19장에서 볼 수 있어요.

사무엘상 19장은 다윗이 왕이 되기 전 사울왕의 사위이자 신하로 있을 때의 이야기입니다. 사울왕이 다윗에게 질투를 느끼고 그를 죽이려 하자 다윗은 생명의 위협을 느끼고 도망

갑니다. 그때 다윗이 몸을 숨기러 가는 장소가 사무엘 선지자가 있는 라마나욧이었어요. 사무엘상 1장 1절에 나오는 라마다임소빔이 사무엘의 고향인데, 라마라는 지역에 다임소빔이 있고 나욧이라는 곳이 있는 거예요. 고향 라마에서 사무엘은 나욧이라는 곳으로 갔어요. 그곳에서 사무엘이 거주하면서 자기 집을 가졌던 것으로 보여요.

그런데 다윗이 도망갔던 라마나욧에서 놀라운 일이 계속 일어납니다. 사울왕은 다윗이 그곳에 숨어 있다는 얘기를 듣고 다윗을 죽이기 위해 그곳으로 군사들을 보냅니다. 그런데 군사들이 다윗을 죽이러 라마나욧까지는 가는데 그곳에 가기만 하면 군사들에게 성령이 임해서 자신들이 무엇 때문에 갔는지를 잊어버리게 되는 거예요. 몇 번이나 군사를 보냈지만 마찬가지였어요. 나중에는 사울왕이 너무 화가 나서 자기가 직접 나섰어요. 하지만 그도 성령에 취해서 아무것도 못 하고 맙니다.

이것은 사무엘이 라마나욧이라는 곳에서 얼마나 많이 기도했는지 가늠해 볼 수 있는 일이에요. 정말 하나님과 사람이 지속적으로 교통하는 장소가 있다면 그 장소가 성령으로 충만한 장소가 된다고 확신해요. 자기 골방에서 기도하는 것도 좋지만 성전에서 기도하는 것이 더 좋아요. 성전은 나만 기도하는 곳이 아니라 다른 사람도 함께 기도하는 곳이기에 더욱 성령 충만할 수 있어요. 때문에 교회는 담임목사님의 허락 하에 성전을 늘 개방해 놓으면 좋겠어요.

혼자 또는 다른 사람과 함께 가서 기도할 수 있는 시간과 장소는 너무나 중요해요. 다른 사람과 같이 가더라도 따로 앉아서 기도하면 되니 얼마든지 방해받지 않고 기도에 집중할 수 있어요. 이처럼 하나님께 지속적으로 기도할 수 있는 시간과 장소를 마련하면 특별한 성령 체험을 할 수 있어요. 여러분보다 하나님께서 먼저 그곳에 오셔서 여러분을 기다리는 귀한 체험을 할 수 있어요. 그다지 오래 걸리지 않아요. 한번 해 보시길 바랍니다.

하나님, 감사합니다. 정말 좋으신 아버지, 감사합니다. 우리에게 기도를 가르쳐 주시고 예수 그리스도의 이름을 주셔서 감사합니다. 골방에 들어가서 은밀한 중에 네 아버지께 기도하라고 말씀하신 하나님, 우리 모든 형제 자매 성도님들이 시간과 장소를 정해 지속적으로 하나님과 동행하고, 하나님의 음성을 들으며, 더 깊은 차원의 기도로 나아가기를 소원합니다. 하나님, 더 깊은 기도로 나아가고자 새롭게 시도하는 성도님들마다 하나님을 만날 수 있도록 깊은 은혜 내려 주시옵소서. 예수님의 이름으로 기도합니다. 아멘.

3강

예레미야의 기도노트

함께 기록하는 노트의 유익

<진약사의 기도학교>
유튜브 3강 바로 시청

3강에서는 기도노트를 어떻게 활용할 것인지, 기도노트를 활용하면 덤으로 얻을 수 있는 유익이 무엇인지에 대해 얘기하려고 해요.

여러분은 혹시 노트를 쓰고 계신가요? 기도를 하면서 노트를 활용하면 무궁무진한 유익이 있어요. 나름대로 쓰고 계신 분도 있겠지만, 만약 새로 시작하는 분들이 있다면 저와는 다르게, 저보다 훨씬 더 잘 활용할 수도 있을 거예요. 여기서는 제가 활용했던 방법을 기준으로 말씀드리려고 해요.

기도노트를 활용하는 첫 번째는 기도제목을 쓰는 거예요. 기도제목은 내 머릿속에 다 있지 않나 싶은데도 무엇을 기도할지 노트에 적어 놓으면 요목조목 안 잊어버리고 하나님께 더 잘 기도드릴 수 있는 장점이 있어요. 특히 목사님이나 사모님, 또는 기도의 지경이 넓은 분들은 다른 분을 위해 중보기도를 많이 해요. 그때 기도에 깊이 들어가다 보면 그분을 위해 무엇을 간구해야 하는지 자꾸 놓쳐요. 기도제목을 미리 노트에 적어 놓으면 깊은 기도에 들어가더라도 기도 막바지에 이르러 노트를 보고 그들을 위해 한 마디씩 기도드릴 수 있어 무척 유익해요.

기도제목을 쓰는 것 외에 또 다른 노트 활용법은 거기에 자신의 솔직한 심경을 적어 보는 거예요. 그렇게 쓰다 보면 일기처럼 되기도 해요. 당시의 날짜와 내게 있었던 사건, 내 주변에 어떤 일이 있었는지, 내가 무엇 때문에 힘들었는지, 무엇 때문에 기쁜지 하는 것들을 하나하나 쓰는 겁니다. 저는 이런 것들을 다 쓰고 나면 맨 끝에는 꼭 기도로 마무리가 되더라고요. 매일 쓰지는 않지만 일주일에 한 번, 한 달에 두세 번씩만 써도 나중에 훌륭한 기도 노트가 돼요.

짐 정리할 때 제가 1년 전이나 길게는 10년, 20년 전에 쓴 노트들이 가끔 나와요. 노트를 펼쳐 보면서 '내가 그때 이런 마음으로 기도했는데 하나님께서 응답해 주셨구나' 하고 새삼 하나님의 은혜를 깨닫죠. 노트를 쓰는 과정을 통해 제 마음이 깊어지는 것을 경험해요. 혼자서 말로만 기도하는 것보다 노트에 적어 가며 기도하면 하나님께 올려드리는 언어가 풍성해질수 있어요. 자기 모습도 깊이 있게 성찰하면서 기도를 올리는장점이 있기 때문이지요.

　보통 정신과 상담을 할 때 상담사가 말을 많이 시킨다고 해요. 저는 정신과 상담을 받아 본 적은 없지만 유명한 정신과의사들이 쓴 책을 보면 그들만의 상담 기법이 있더라고요. 바로 환자가 말을 많이 하게끔 유도하는 거예요. 처음에는 환자가 아예 말을 안 하거나 말을 해도 두서가 없어요. 괴롭고 힘들고 고통스러워 뒤죽박죽된 감정을 마구 쏟아 놓는 거예요.의사는 그런 상태에 놓인 환자들에게 자기 감정을 스스로 분석하고 차분하게 정리하도록 이끌어 줘요. 그래서 자기를 객관적으로 바라보게끔 해 주죠.
　우리가 그렇게 훌륭한 의사를 언제 어디서 찾아 상담해 보겠어요. 자기 심경을 노트에 쓰다 보면 그런 의사에게 상담하는 것보다 비밀스럽고 인격적인 자가 치유가 가능해요. 그래서 하나님께 자신의 말을 올려드릴 때도 아이처럼 떼쓰듯이말하지 않고 좀 더 성숙하게 대화할 수 있도록 순화돼요. 노트를 기도 형식으로 쓰든, 일기 형식으로 쓰든 다 괜찮아요. 다만, 일기처럼 써도 끝은 기도로 마무리하는 것이 좋아요. 두서 없이 쓰다 보면 내 고통의 원인이 무엇인지, 거기에 어떤 이름을 붙일 수 있는지 고민들이 정리되어 훨씬 더 심도 있게 하나님께 마음을 아뢸 수 있어요.

기도에 활용할 암송 구절을 기록하자

기도 노트 활용법 세 번째는 하나님의 말씀을 쓰는 거예요. 하나님의 말씀은 두 가지로 분류할 수 있는데 하나는, 암송을 위한 말씀이에요. 암송은 마치 외국어를 배우는 것과 비슷해요. 학교 다닐 때 영어 공부 어떻게 하셨어요? 처음에는 단어를 하나씩 외우다가 나중에는 문장을 통째로 외우죠. 중학교 1~3학년 교과서를 통째로 외우게 하는 학습법도 있더라고요. 거기까지는 아니더라도 보통 영어회화를 할 때 통 문장을 외워서 활용하다 보면 말하는 수준이 갑자기 확 올라가는 것을 볼 수 있어요. 성경 암송도 그런 식으로 하는 거예요. 기도할 때 활용할 수 있는 암송 말씀을 노트에 써 보세요.

암송만 해도 기도가 되는 문장이 있어요. 바로 시편이에요. 시편은 어떻게 이것이 하나님의 말씀으로 성경에 기록되어 있을까 싶을 정도로 그 자체가 사람의 기도예요. 그런데도 하나님께서 주시는 계시의 말씀과 같은 수준으로 성경 66권 가운데 한 권으로 들어가 있잖아요. 어떤 사람은 주기도문을 반복해서 외우는 것도 기도라고 말하는데, 암송으로 하는 기도는 주기도문보다 오히려 시편이 훨씬 더 좋아요.

그래서 저는 처음 기도하는 분들에게 기도하는 방법을 알려줄 때 시편을 읽으라고 권해요. 30분이든 한 시간이든 시간을 정해 놓고 기도하는 마음으로 시편을 반복해서 읽는 거예요. 읽은 다음 마지막에 자기의 간절한 기도제목을 하나님께 아뢰요. 그렇게 하다 보면 마치 외국어를 통 문장으로 외우는 것처럼 시편 안에 있는 문장이 내가 하나님께 드리고 싶었던 기도로 바뀌어 나와요. 둘은, 내 속에서 말씀이 녹아 하나님의 언어로 순화되고 승화되어서 기도가 되는 거예요.

> "노트에 적는 하나님의 말씀"
>
> ① 암송을 위한 말씀
>   - 암송만으로도 기도가 된다.
>   ex) 시편
>
> ② 기도에 활용하기 위한 말씀
>   - 풍성한 기도의 언어가 된다.
>   ex) 모든 성경. 그중에서도 예레미야애가, 서신서, 시편.

그런 이유로 저는 시편을 많이 활용하는데, 시편 중에서도 20편 말씀으로 하나님께 응답받은 적이 있어요. '와, 성경에 이런 말씀, 이런 약속이 있어? 이것을 응답으로 받으면 어떻게 되는 거야?' 하는 생각이 들 정도로 시편 20편 안에는 하나님께 말할 수 없이 특별한 응답을 받은 자의 축복으로 꽉 차 있어요. 한번은 제가 정신이 혼미할 만큼 충격적으로 시편 20편 말씀을 받았는데 제가 사법고시 1차에 합격한 그 달이었어요.

사실은 처음 1차 합격자 명단에는 제 이름이 없었어요. 안타깝게도 1, 2점 차이로 떨어졌던 거죠. 본래 3월 말인가 4월 초에 합격자 발표가 난 뒤 '떨어졌구나' 하고 있었는데, 그해 10월에 유례없이 추가 합격자를 발표했어요. 3점짜리 한 문제에 오류가 있다는 행정심판청구가 인용되어 저도 덩달아 구제를 받았지요. 기적이었습니다! 그달 10월 1일부터 하나님께서 주신 말씀이 시편 20편이었어요. 여러분도 한번 읽어 보세요. 도대체 시편 20편이 어떤 말씀이기에 진약사가 이렇게도 강조하는지….

전 요즘에도 시편 20편을 묵상하면서 입으로 되뇌어요. '하나님께서 이렇게까지 자기 백성의 소원에 응답해 주기를 원하시는구나' '하나님을 사랑하고 하나님의 이름을 구하는 자에게 좋은 것을 아낌없이 채워 주시기를 원하시는구나' 하고 감탄하면서 그 말씀을 암송해요. 여러분도 이런 말씀을 암송해서 기도 시간에 반복해서 올려드리세요. 그것도 훌륭한 기도예요.

또 하나 제가 좋아하는 성경은 예레미야애가예요. 몇 장 안 되지만 처음부터 끝까지 예레미야의 기도노트라고 볼 수 있어요. 예레미야가 중보기도로 하나님의 긍휼을 구하면서 써 놓은 내용이니까요. 그 기도 중에 제가 크게 감동받아 밑줄을 쳐 놓은 부분이 있어요.

"내 고초와 재난 곧 쑥과 담즙을 기억하소서 내 마음이 그 것을 기억하고 내가 낙심이 되오나 이것을 내가 내 마음에 담아 두었더니 그것이 오히려 나의 소망이 되었사옴은 여호와의 인자와 긍휼이 무궁하시므로 우리가 진멸되지 아니함이니이다"(애 3:19-22).

여호와의 자비와 긍휼 덕분에 우리가 고통을 당하는 중에도 완전히 망하지는 않으리라는 소망이 있다는 뜻이에요. 그 뒤의 내용도 좋아요.

"사람이 여호와의 구원을 바라고 잠잠히 기다림이 좋도다 사람은 젊었을 때에 멍에를 메는 것이 좋으니 혼자 앉아서 잠잠할 것은 주께서 그것을 그에게 메우셨음이라… 주께서 인생으로 고생하게 하시며 근심하게 하심은 본심이 아니시로다"(애 3:26-33).

앞에서 말씀드렸듯이 스스로 기도제목을 쓰고 입 밖으로 말하다 보면 자기 속의 엄청난 고통이 순화되고 하나님 앞에 원망하고 탄식하던 것이 정리되면서 성숙한 간구가 나와요. 지금 예레미야가 그렇게 하고 있는 거예요. 온 예루살렘이 멸망해서 잿더미가 되었어요. 눈물이 빗물처럼 흐르는 와중에도 '여호와의 긍휼이 무궁하시므로 우리가 완전히 다 망하지는 않았다' '젊었을 때 고통을 당하는 것이 차라리 우리에게 유익이다' '우리에게 이런 고통을 당하게 하시는 것이 여호와의 본심이 아니다'라며 고통스러운 심정을 순화시켜서 얘기하고 있어요.

이 말씀을 읽을 때 정말 마음이 떨렸어요. 예레미야는 그 옛날에 하나님을 경험하고 여기에 이렇게 기록했구나, 예레미야가 나에게 '너무 낙심하지 말고 힘을 내서 하나님의 자비하심에 기대어 보렴이라고 편지를 보냈구나' 하는 생각이 들면서 아주 큰 감동을 받았어요.

예레미야 얘기가 나온 김에 제가 예전에 들었던 이야기를 전해 드릴게요. 어떤 선교사가 공산권 국가에 있는 어느 마을에 성경을 몇 권 몰래 가지고 갔대요. 성경이 들어왔다는 소식에 마을 사람들이 너무 기뻐하며 은밀히 다 모였어요. 그런데 모든 사람에게 성경을 한 권씩 줄 수 없으니까 66권을 따로따로 잘라서 하나씩 나눠줬다고 해요. 마태복음, 요한복음을 받은 사람은 좋았겠지만 예레미야서를 받은 사람은 어땠을까요?

예레미야는 별명이 눈물의 선지자예요. 예레미야서는 예루살렘의 멸망을 바라보면서 눈물과 탄식으로 기록된 성경이지요. 그런데 뜻밖에도 눈물의 선지서인 예레미야서를 받은 사람이 자기는 너무 행복하다고 말했다고 해요. 왜냐하면 예레미야에게 여호와의 말씀이 임했듯이 자기에게도 여호와의 말씀이 임했다고 느꼈기 때문이에요. 예레미야서를 보면 "여호와의 말씀이 내게 임하니라"라는 말이 아주 여러 번 나오거든요. 그것을 반복해 읽으면서 예레미야에게 임한 말씀이 자기에게도 임할테니 감사하다고 말했던 것이죠.

듣는 기도

우리가 성경을 가지고 하나님께 기도할 수 있는 것은 참으로 커다란 축복이에요. 총 66권으로 된 성경은 우리가 죽을 때까지 응용해도 다 못 할 정도로 풍부해요. 목사님들은 정말 좋겠어요. 설교 자료가 성경 66권이니 얼마나 풍성해요. 그리고 교재가 너무 좋으니 어떤 목사님이 설교를 해도 은혜가 될 수밖에 없어요. 본래 학원 강사도 좋은 교재를 고르면 강의하기

쉽거든요. 특별히 기름부음 받은 목사님들에게는 하나님께서 얼마나 더 좋은 깨달음들을 주시겠어요.

저는 이 성경을 30년째 읽고 있지만, 읽는 내내 감사하다는 생각이 들어요. 저보다 더 오랫동안 읽었든, 아니면 이제 읽기 시작했든 성경을 보는 우리의 눈과 입과 귀가 복이 있는 것이죠. 요즘에는 유튜브에 듣는 성경도 올라와 있어요. 그런 것도 들어 보면서 기도하는 데 활용해 보기 바랍니다.

특히 성경 말씀은 암송을 위한 말씀만이 아니라 약속을 주시는 말씀이기도 해요. 예를 들면 물질 때문에 고민하는 사람이라면 "우리 주 예수 그리스도의 은혜를 너희가 알거니와 부요하신 이로서 너희를 위하여 가난하게 되심은 그의 가난함으로 말미암아 너희를 부요하게 하려 하심이라"(고후 8:9)라는 말씀이나 "내가 너희에게 말하노니 무엇이든지 기도하고 구하는 것은 받은 줄로 믿으라 그리하면 너희에게 그대로 되리라"(막 11:24)라는 구절을 수없이 반복하면서 하나님께 구해 보세요. 하나님은 세밀하고 정확하신 분이에요. 이 세상에 법이 있기 전에 하나님은 성경 말씀으로 법을 주셨어요. 성경 몇 장 몇 절이라는 법조문을 하나님 앞에 올려드리면서 "여기에 있는 약속대로 저를 축복해 주세요" 하고 기도하면 하나님이 들어주세요.

또 하나님의 음성을 듣기 원하는 분들도 있을 거예요. 우리가 하나님께 올려드리는 것도 기도지만 하나님의 말씀을 듣는 것도 기도예요. 듣는 기도라고도 합니다. 잘 듣는 방법은 성경 말씀을 내 안에 채워 놓는 거예요. 처음에 하나님이 우리에게 뭔가 응답을 주실 때는 주로 성경에 있는 말씀을 통해 주세요. 하나님이 우리에게 말씀을 주시는 가장 손쉬운 채널이에요. 성경은 모든 면에서 서투른 우리의 기도를 풍성하게 해 주기 때문에 성경을 기도 교재로 활용하는 가장 좋은 방법도 노트에 기록하는 것입니다.

하나님, 감사합니다. 우리가 기도하기를 원하시는 하나님, 시편의 말씀이 하나님의 말씀이 된 것같이 우리의 기도를 당신의 말씀처럼 소중히 여기시는 인격적인 하나님 아버지, 감사합니다. 주 예수님도 이 땅에 오셨을 때 제자들에게 기도를 가르쳐 주셨습니다. 제자들이 기도를 가르쳐 달라고 했을 때 예수님은 너무나 기뻐하시면서 "하늘에 계신 우리 아버지여…"라는 기도를 우리에게 가르쳐 주셨습니다. 하나님, 당신의 사랑하는 백성들, 또 기도하고자 마음먹은 초신자들까지도 입이 열리고 귀가 열려서 하나님께 소원을 아뢰어 드릴 수 있게 하옵소서. 우리의 생명을 구원하시는 하나님의 음성을 듣게 하옵소서. 하나님의 말씀과 하나님께 올려드리는 기도로 기적이 일어나게 하옵소서. 예수님의 이름으로 기도합니다. 아멘.

"내가 이스라엘에게 이슬과 같으리니 그가 백합화같이 피겠고 레바논 백향목같이 뿌리가 박힐 것이라"(호 14:5).

오늘 새벽 어느 분이 카톡으로 보내 온 말씀이다. 이렇게 좋은 말씀, 하늘에서 내려 준 달달한 이 말씀을 내가 먹은 것이다. 카톡 화면의 글자들이 열 지어 내 앞에서 춤을 추는 것 같았다. 읽고 다시 읽어도 진한 향기가 묻어 나오는 신비함이 나를 일으켰다. 아멘.

오전에 성전에 기도하러 갔을 때 비로소 저 말씀이 온 것을 확인했다. 적막한 공기 중으로 은혜의 훈기가 번져 나갔다. 지금 내 상황이 아닐까.
전년도부터 진행해 왔던 교회 예배당 이전이 마무리되고 아이들의 학교 문제가 일단락되면서 내 통장에 바닥이 점점 드러난 형편이다. 바닥이 느껴질 때마다 언뜻 눈앞에 별이 보이는 것 같고 가슴 한 구석이 아주 옛적, 빈궁한 고학생 시절에 익숙했던 통증으로 아려 오는데, 그러기를 여러 날. 이래서는 안 되지, 스스로 제동을 건다. 힘들 때, 답답할 때, 슬플 때 언제나 뒤따라 왔던 은혜를 생각한 것이다.

"그가 내게 간구하리니 내가 그에게 응답하리라…"

올해 말씀으로 받은 이 시편 구절의 앞부분을 읽으며 나는 어려움을 직감하고 거북해졌었다. 그러나 그다음을 보며 반전의 하나님을 찬양했다.

"…그들이 환난 당할 때에 내가 그와 함께하여 그를 건지고 영화롭게 하리라"(91:15).

환난을 좋아할 사람은 없겠지만 싫다고 피해 갈 재간이 없지 않은가. 그러나 환난 때에 건지시고 영화롭게 해 주신다고 하셨으니 하나님이 보이실 기적을 기대해 보자. 할렐루야.
하나님, 감사합니다. 저의 꿈에 역사하실 손길을 기대합니다. 예수님의 이름으로 기도합니다. 아멘.

◇ 2018년 1월에 첫 책《아파도 괜찮아》출간
◇ 같은 해 3월 말에 유튜브〈진약사톡〉시작
◇ 같은 해 8월부터 약국 급성장

Date. 2018/ 4/ 9

이번 달에 유튜브 채널〈진약사톡〉을 시작했다. 유튜버가 된 것이다. 엊그
제까지 동영상 두 편을 작업해 올렸다. '타이레놀'과 '혈액순환 장애 원인
3종'을 주제로 다뤘다.
'망가짐을 두려워 않기' '실패를 실패라 하지 않고 계속 더 도전하기' '도
리어 실패를 즐기기' '내 인생의 도전장을 여러 개 만들기' '이 일도 저 일
도 놓지 않기' 이런 되뇜이 만들어 낸 생활의 열매가 유튜브 채널을 시작
한 것이다.
책《아파도 괜찮아》를 출간한 지 고작 3개월 만이다. 유튜브 채널은 책보
다 얼마나 더 접근하기 쉬운가. 책보다 얼마나 저렴한가. 나의 약사로서
지경을 넓힐 일에 책과 유튜브가 빚어 낼 상승효과는 상상 이상일 수도
있다.
무엇인가 하나를 해 놓고 오래지 않아 실망하는 것보다 그 위에 또 다른
모략을 더하여 상승효과를 바라는 지금이 얼마나 고급 인생인가. 내가 성
장한 것이 틀림없다는 확신이 든다. 그전에 나는 이런 패를 사용한 적이
없다. 이름하여 더블 플레이. 물론 약국 운영하면서 성경 보고, 기도하고,
전도하는 교회 사역을 한 것은 맞지만, 한 가지 분야의 일에 하나의 목적
을 두고 한꺼번에 두 가지 이상의 도전을 하는 것은 분명히 처음 있는 일
이다.
3년이 지나면 큰아이도 사회인으로 첫 출발을 할 것이다. 슬하를 떠나 독
립할 그 아이가 얼마나 대견한지. 나의 첫 열매라는 생각에 가슴이 뭉클했
다. 둘째도, 셋째도 비행활주로로 정주행하는 것 같다.
하나님, 감사합니다. 수암에 자리 잡은 우리 교회 예배당에 들어갈 때마다
당신의 신실하심에 감사합니다. 곁에 계심을 실감합니다. 나의 모든 기도
에 주의하시는 주님이 그냥 느껴집니다. 오늘도 내일도 주 예수님을 기대
하고 찬양합니다. 새로운 아이디어로 유튜브 영상 50편을 채워 나가게 도
우소서. 예수님의 이름으로 기도합니다. 아멘.

제 기도노트를 보고 싶다는 분들이 계셔서 그동안 써 왔던 기도노트 일기 중 두 편을 예시로 수록했습니다. 지난 2018년 3월과 4월에 쓴 것인데요, 그해 1월에 제 첫 책《아파도 괜찮아》가 출간되었고, 교회는 안산 수암동의 새 성전으로 입당했습니다. 입당 과정에서 약국 운영자금까지 털었던 탓에 당시 저는 자금 압박을 받고 있었습니다. 3월이 되고 아이들 학교가 개강하자 통장이 바닥났는데요, 그 두려움 속에 쓴 기도노트 일기에는 연초에 제비뽑은 말씀으로 일어서려는 신앙고백이 돋보입니다.

"환난 때에 건지시고 영화롭게 해 주신다고 하셨으니 하나님이 보이실 기적을 기대해 보자, 할렐루야."

4월에 쓴 두 번째 기도노트 일기는 책에 이어 유튜브를 시작한 소회입니다. 책이 잘되었다면 유튜브를 하지 않았겠지요. 책 출간이라는 한 가지 도전에 실망하지 않고 연이어 또 다른 도전을 해 보고자 유튜브를 선택한 거였어요. 신앙적 각오가 확고했지요. 한 가지 위에 또 한 가지가 더해 줄 상승효과를 기대하면서 하나님의 신실하심을 찬양했습니다.

믿음은 현실을 직시하면서도 보이지 않는 미래를 향해 발을 내딛는 것입니다. 제 일기 속 신앙고백대로 하나님이 일해 주신 결과가 그로부터 불과 몇 개월 지난 그해 여름부터 나타났습니다. 〈진약사톡〉이 급성장하며 약국이 문전성시를 이뤘으니까요.

"네 기도를 하나도 남김없이 다 듣고 있다."

오래전 이렇게 말씀하신 하나님께 진심으로 감사합니다.

4강

기도하다가
망한 사람은 없다

들을수록 용기가 생기는 말씀

<진약사의 기도학교>
유튜브 4강 바로 시청

4강은 기도를 통해서 우리 자신이 변화되어야 한다는 내용이에요. 이 주제와 관련한 아주 좋은 예가 성경 마태복음과 마가복음에 공통적으로 나오는 가나안의 수로보니게 여인의 이야기예요.

예수님께서 두로라는 지역으로 가셨어요. 그곳에서 헬라인이요 수로보니게 족속인 가나안의 한 여인이 예수께서 오셨다는 소문을 듣고 찾아오지요. 그녀는 예수님의 발아래 엎드려 소리지르며 "다윗의 자손이여 나를 불쌍히 여기소서 내 딸이 흉악하게 귀신 들렸나이다"(마 15:22)라고 간구하는 장면이 나와요. 그런데 그 장면을 처음 접하는 사람들은 적잖은 충격을 받아요. 예수님이 아주 차갑게 말씀하시기 때문이에요

"예수는 한 말씀도 대답하지 아니하시니 제자들이 와서 청하여 말하되 그 여자가 우리 뒤에서 소리를 지르오니 그를 보내소서 예수께서 대답하여 이르시되 나는 이스라엘 집의 잃어버린 양 외에는 다른 데로 보내심을 받지 아니하였노라 하시니"(마 15:23-25).

예수님은 자기에게 나아와 간구하고 부탁하는 사람을 따뜻하게 대해 주시는 분인데 여기서는 특이하게 냉정한 모습이지요.

저 역시 예수님께서 수로보니게 여자에게 하시는 말씀에 깜짝 놀랐어요. 10여 년 동안 이 말씀을 볼 때마다 '예수님의 이런 행동을 어떻게 소화하고 받아들여야 하나?' '그 말씀에 무슨 비밀이 있는 걸까?' 고민하면서 묵상하곤 했어요. 그 여자가 계속 쫓아오면서 매달리듯이 간구하니까 제자들이 예수님께 그 여자를 도와달라고 부탁해요. 예수님은 "나는 이스라엘 집의 잃어버린 양 외에는 보내심을 받지 아니하였다"라고만 말씀하세요. 저 여인은 이방인이라는 뜻이죠. 예수님께서는 이방인을 그렇게 대하실 분이 아닌데 어딘가 좀 이상하지요.

그 여자가 가까이 와서 예수님께 간곡하게 자기 딸을 고쳐달라고 말해요. 그랬더니 예수님께서 한 말씀을 더 하시죠.

"자녀의 떡을 취하여 개들에게 던짐이 마땅하지 아니하니라"(마 15:26).

이보다 더 냉정할 수 있을까요. 하지만 이 여자가 얼마나 지혜롭게 말하는지 보세요. 지혜롭기도 하지만 도저히 아무도 흉내 낼 수 없는 말을 해요.

"주여 옳소이다마는 개들도 제 주인의 상에서 떨어지는 부스러기를 먹나이다"(마 15:27)

누가 저렇게 대답할 수 있을까요. 이제는 우리도 한번 따라 해 볼 수 있겠지만 쉽지 않을 거예요. 저는 이 말씀을 읽고 이 여인의 믿음이 얼마나 수준 높은지 감탄했어요. 예수님께서 바로 감동하시고는 이렇게 말씀하세요.

"여자여 네 믿음이 크도다 네 소원대로 되리라"(마 15:28).

네 믿음이 너를 구원하였고 믿음 덕분에 딸이 고침을 받았다는 뜻이죠.

예수님과 이 여인 사이의 대화에 우리가 감히 끼어들 엄두가 나지 않아요. 이 일화는 기도하는 사람이 지녀야 할 중요한 한 가지를 가르쳐 주고 있어요. 우리가 기도를 하면 할수록 하나님 앞에서 더 낮아지고 겸손해져야 한다는 것, 기도하다 보면 어느 순간에 하나님이 자신을 물리치시는 것 같은 차가운 빙벽에 부딪칠 때가 있다는 것이에요.

저는 아주 오래전에 이 여인과 비슷한 경험을 한 적이 있어요. 광명시에서 약국을 할 때인데, 비타민 요법을 내걸고 비타민 전문 약국을 시작했어요. 2년 정도 그곳에서 약국을 꾸려가다가 완전히 파산할 지경이 되어 보증금도 다 까먹고 말았지요. 그 2년이 제게는 너무나 혹독한 시간이었어요. 돌이켜 보면 약국의 위치도 좋지 않았고, 비타민 전문 약국이라는 것도 시대 분위기에 맞지 않게 앞서간 것이었어요. 모든 것이 안 될 수밖에 없는 상황이었죠. 돈이 없으니 약국을 접을 수도 없고 제가 택할 수 있는 거라곤 하나님 앞에 기도하는 것밖에 없었어요. 너무 막막했어요. 그때 셋째 아이를 임신하고 있었는데 당시에는 셋째를 가졌다고 하면 사람들이 아래위로 훑어보던 시절이었어요. 참 억울한 상황이었죠. 지금은 하나님께서 치료해 주셔서 웃으면서 말할 수 있지만, 과거에는 아이의 출산에 대한 얘기만 하면 항상 눈물이 났어요.

약국도 망하게 생겼는데 배는 점점 불러오죠. 하루가 멀다하고 월세 독촉에 시달리죠. 절박한 상황에서 제가 매일 약국에서 기도했어요. 손님이 없으니까 조제실 안에 방석 하나 깔아 놓고 아침부터 저녁까지 기도만 했어요. 그러다 지치면 성경을 봤어요. 그때 성경을 참 많이 보게 되었죠. 성경 보고 비타민 공부하고 하루 종일 그렇게 보냈어요. 매일 하나님 앞에 주로 방언으로 기도했어요. 몸부림이었죠. 그러던 어느 날인가 기도를 하는 중에 마귀가 저한테 시험을 하는 것 같기도 하고 하나님께서 저를 테스트해 보셨던 것 같기도 하고 잘 알 수는 없어요. 그 경험이 너무 끔찍하고 차가웠어요.

시베리아 벌판, 아니면 북극의 얼음 빙벽 앞에 앉아 있는 것 같았어요. 그때가 여름이었거든요. 그러니까 저의 육체의 감각이 아니라 영적인 느낌이었어요. 뭔지 모를 차가운 바람, 냉정한 기운이 흘렀어요. 기도를 해도 다 미끄러지고 흩어져 버려 어떻게 할 수가 없는 거예요. 그렇지만 저는 계속해서 기도했어요. 그 순간 어떤 음성이 저한테 이렇게 말했어요.

"네가 믿는 예수가 이렇다."

부인할 수 없는 거절감, 단절감, 차가운 빙벽이었어요. 지옥에 가면 그런 느낌이 들지 않을까요? 지옥에는 빛이 없고 하나님과 완전히 단절된 곳, 예수의 이름을 부를 수조차 없는 곳이라고 들었거든요. 제가 그런 체험을 한 것 같아요.

그 느낌이 하루 종일 갔었어요. 아무리 기도를 해도 계속해서 얼음 바닥에 나동그라지는 느낌이었죠. 제가 그때 말했어요.

"그래도 저는 갈 데가 없어요. 예수님밖에 없는 걸요."

그러자 어느 순간에 냉기가 사라지고 하나님의 은혜가 저에게 부어지기 시작했어요. 그리고 몇 달 안 되어 기적처럼 그곳을 빠져나와서 안산으로 이사하게 되었지요.

빙벽을 넘으면

기도에도 일정한 단계가 있어요. 수로보니게 여인이 예수님께 가서 구했잖아요. 이것을 기도라고 볼 수 있어요. 초신자 단계에서는 이렇게 매달리며 기도할 때 하나님께서 따뜻하게 대해 주시고 쉽게 응답해 주세요. 하지만 더 깊이 기도에 들어가려고 하면 어떤 보이지 않는 벽이 느껴질 때가 있어요. 기도하는 자신이 하나님 앞에 겸손하지 않고 욕심에 꽉 차 있는 경우도 마찬가지예요. 그런 때는 하나님께서 주시는 일종의 테스트와 맞물려 마귀가 우리에게 더 잔인한 말을 할 수도 있어요. 이 과정을 통과하면 그다음에는 하나님의 큰 은혜와 축복이 기다리고 있어요.

이런 내용을 알고 기도에 임하면 너무나도 큰 유익이 있을 거예요. 마치 좋은 약을 먹으면 생기는 명현 반응 같은 게 아닐까요? 기도할 때 이런 일이 시험처럼 다가와도, 또는 내 주변에 안 좋은 일이 생기고 불길한 소식이 들려와도 그것이 우리를 테스트하는 것일 수도 있다고 여기세요. 저는 그럼에도 불구하고 "하나님은 선하시다" "기도하다가 망한 자는 없다"고 말했어요. 이 말로 저를 붙들었던 것 같아요.

오래전에 김동리의 〈바위〉라는 단편소설을 읽었는데요, 마지막에 어느 불쌍한 여인이 나병에 걸려서 죽어 가는 장면이 나와요. 그 여인이 사는 마을에는 모든 동네 사람이 신령하게 여기는 바위가 하나 있었어요. 그 바위를 문지르며 기도하면 무슨 소원이든 들어준다는 기복신앙이 어려 있는 바위였어요. 그 여인은 나병에 걸려서 마을 사람들에게 부정하다고 쫓겨난 신세였는데, 그 바위 위에서 죽은 거예요. 돌 하나를 들고 그 바위를 문지르다가 숨이 끊어졌는데 사람들은 여인을 불쌍히 여기기보다 아까운 바위에서 죽었다며 침을 뱉었어요. 소설은 여인의 죽은 모습을 "뺨에 눈물이 번질번질 말라 있었다"고 묘사해요. 저는 목이 메었어요. 제 모습 같았거든요.

제가 예수님을 몰랐을 때 읽었던 소설이지만, 예수님께 기도할 때 그 내용이 많은 도움이 됐어요. 그 여자는 처음부터 알지도 못하는 신에게 잘못된 방식으로 기도한 탓에 구원받지 못하고 생을 끝냈잖아요. 그렇지만 우리에게는 예수님이 계세요. 그분 앞에 기도하면 우리는 절대 망하지 않아요. 그분은 정말로 우리를 긍휼히 여겨 주시고 우리 삶을 변화시켜 주기를 원하세요. 천국에 갈 때까지 우리를 어린 양처럼 치료해 주시고 안아 주시며 말씀으로 옳은 길로 인도해 주시는 분이에요. 저에게 그런 예수님이 계셔서 너무 감사했어요. 그분 이름을 부르다가 죽는 한이 있더라도 계속 나는 그 이름을 부르겠다는 생각이 들었던 거죠.

예수님은 우리를 살리기 위해서 이 땅에 오셨어요. 저처럼 여러분도 하나님께 고백하고 삶에 어떤 어려움이 닥쳐와도 우리가 겪는 고난이 하나님의 본심이 아니라는 것을 알고 기도로 돌파해서 다 이기길 바랍니다.

하나님 아버지, 감사합니다. 우리에게 기도할 수 있는 생명의 줄 되신 예수 그리스도의 이름을 주서서 감사합니다. 기도하다가 끝 까지 응답받지 못하고 죽은 사람은 아무도 없습니다. 주는 우리의 아버지가 되시고 이 땅에 그 아들을 보내사 우리를 대신하여 십자 가에서 모든 죄를 대속하셨습니다. 우리에게 좋은 것만 주시는 하 나님을 영원토록 사랑하겠습니다. 하나님, 이 시간에 당신의 자녀 들에게 성령으로 기름 부으셔서 기도가 응답받도록 해 주시고, 더 깊은 기도로 나아가서 축복의 통로가 되는 기적을 베풀어 주시옵 소서. 감사하오며 예수님의 이름으로 기도합니다. 아멘.

5강

하루 일곱 번씩
믿음의 고백

기
도
가

달
라
져
요

<진약사의 기도학교>
유튜브 5강 바로 시청

하나님을 감동시키는 신앙고백

짧은 시간 기도해도 깊게 기도하는 비결이 있어요. 어렵지 않게 누구나 할 수 있는 건데요, 바로 자신만의 신앙고백을 반복해서 올려드리는 겁니다. 앞에서 기도 시간과 장소를 정해 놓는 것이 좋다고 말씀드렸죠. 정해진 기도 시간에 내 몸을 그 자리에 끌어다 앉혀 놓는 것이 하나님께서 기뻐하시는 모습입니다. 어떤 때는 하나님이 먼저 와서 나를 기다리시기도 합니다. 특히 가기 싫은 날일수록 더 힘을 다해 그 시간을 예비하고 약속을 지켜서 그 자리에 자기를 앉히는 습관을 들이는 것이 깊은 기도로 이어지는 훈련입니다.

이렇게 기도 시간을 따로 떼어 놓으면 그 나머지 시간에는 무엇을 할까요? 나머지 시간을 신앙고백으로 채워 보세요. 신앙고백이 예비기도가 돼요. 또 기도할 때도 신앙고백을 기도 속에 포함시켜 반복해서 말해 보세요. 그것이 하나님을 감동시켜서 축복과 기적을 끌어오는 강력한 힘이 됩니다.

> "사도신경"
> 우리가 무엇을 믿는지
> 그 믿음의 실체를 고백
> 하는 것. 믿음의 근간.
> …
> "나만의 창조적인
> 신앙고백"
> 믿음의 꽃이 됨. 꽃과 열매를
> 하나님께 드리는 길.

예배 시간에 목사님이 "신앙고백을 하겠습니다" 하고 말하면 다 같이 사도신경을 외우지요. 사도신경은 가장 중요한 뼈대가 되는 신앙고백이에요. "전능하사 천지를 만드신 하나님 아버지를 내가 믿사오며, 그 외아들 우리 주 예수 그리스도를 믿사오니, 이는 성령으로 잉태하사 동정녀 마리아에게 나시고…." 우리가 무엇을 믿는지 믿음의 실체를 고백하는 중요한 교리입니다. 그 고백이 사도신경 안에 다 들어 있는 것이지요. 오늘 제가 말하려는 신앙고백은 근간을 이루는 사도신경 위에 꽃을 피웁니다. 꽃을 피우면 열매를 맺지요. 그 신앙고백의 아름다운 열매를 하나님께 올려드리는 겁니다.

사복음서를 보면 예수님께서 사역하실 때 사람들에게 큰 감동을 받고 예수님이 기뻐 칭찬하시는 장면이 종종 나옵니다. 예수님께 칭찬받는 사람들에게는 공통점이 있는데, 그들의 믿음이에요. 예수님은 그들에게 "네 믿음이 너를 구원하였다"라고 말씀하셨고, 특히 수제자였던 사도 베드로에게는 "너는 베드로라 내가 이 반석(믿음) 위에 내 교회를 세우리니"(마 16:18)라고 말씀하셨습니다. 여러분도 다 아는 유명한 장면인데, 빌립보 가이사랴 지방에 이르러 예수님께서 제자들에게 사람들이 나를 누구라고 하느냐고 물으십니다. 그때 제자들이 "더러는 세례 요한, 더러는 엘리야, 어떤 이는 예레미야나 선지자 중의 하나라 하나이다"(마 16:14)라고 대답하자, 예수님께서는 "그러면 너희는 나를 누구라고 하느냐?" 하고 물으시지요. 그때 베드로가 이렇게 대답합니다. "주는 그리스도시요 살아 계신 하나님의 아들이시니이다"(마 16:16). 이 대답이야말로 베드로가 다른 사도들과 구별된 수제자임을 보여 줍니다. 베드로는 예수님이 누구신지에 대한 정의를 자신의 머릿속에 이미 가지고 있었던 것 같아요.

지금 우리가 이런 고백을 하기는 쉽지만 당시에는 쉽지 않은 일이었어요. 베드로나 나머지 제자들은 예수님과 늘 같이

지내고 있었어요. 예수님께서는 그들과 똑같은 육신의 모습이
셨고요. 그리고 많은 서기관과 바리새인과 유대인들은 예수님
을 이름도 없는 나사렛 동네 촌뜨기라고 비난하는가 하면 귀
신 들렸다고도 했죠. 또 안식일을 지키지 않는다고 메시아가
아니라고 수군거리기도 했어요. 그런 예수님의 가르침을 듣
고 베드로는 "주는 그리스도시요 살아계신 하나님의 아들이
십니다"라고 고백했어요. 지금 우리가 고백하는 것은 다 베드
로를 따라하는 거예요. 베드로의 고백은 훗날 모든 고백의 효
시가 되었어요. 최초로 그런 고백을 한 거니까요. 예수님께서
는 베드로의 고백에 너무 기뻐하시며 "바요나 시몬아 네가 복
이 있도다 이를 네게 알게 한 이는 혈육이 아니요 하늘에 계신
내 아버지시니라 또 내가 네게 이르노니 너는 베드로라 내가
이 반석 위에 내 교회를 세우리니 음부의 권세가 이기지 못하
리라"(마 16:17-18)고 말씀하세요. 베드로를 크게 칭찬해 주시고
베드로에게 "천국 열쇠를 네게 주리니 네가 땅에서 무엇이든
지 매면 하늘에서도 매일 것이요 네가 땅에서 무엇이든지 풀
면 하늘에서도 풀리리라"(마 16:19)라고 큰 축복을 해 주시지요.

성경은 베드로뿐만 아니라 믿음의 사람들의 신앙고백으로
가득 차 있어요. 저는 시편이야말로 훌륭한 신앙고백이라고

생각해요. 시편은 죽음을 통과하는 사람들이 읊조린 기도들이에요. 그 자체가 기도이기 때문에 시편을 많이 읽으면 우리의 기도 수준이 높아져요. 우리 머리로는 상상할 수 없는 고차원적인 신앙고백과 영감들이 시편 속에 가득 차 있어요. 한 구절 한 구절 읽을 때마다 '이 말이 맞아요' '아멘 아멘' 하는 마음으로 읽어 보세요. 그러면 우리도 이 기도에 같이 편승할 수 있어요. 시편의 고백자들과 더불어 하나님 앞에 칭찬받는 기도를 드릴 수 있는 거예요.

성경 곳곳에 빛나는 신앙고백

제가 여러분에게 추천하고 싶은 시편을 소개할까 해요. 사실 이것 말고 어느 것을 선택해도 돼요. 우리가 너무 잘 아는 시편 23편이에요.

"여호와는 나의 목자시니 내게 부족함이 없으리로다 그가 나를 푸른 풀밭에 누이시며 쉴 만한 물 가로 인도하시는도다 내 영혼을 소생시키시고 자기 이름을 위하여 의의 길로 인도하시는도다"(시 23:1-3).

한 구절 한 구절이 수천 년이 지나도 바래지 않는 너무나 영롱하고 아름다운 신앙고백이에요. 게다가 하나님이 어떤 분인지를 믿음으로 다 선포해 놓았어요. 성령의 감동이 아니면 이런 시편이 기록될 수 없어요. 우리는 버려진 존재가 아니에요. 목자는 자기 양들을 세심하게 살펴요. 어떤 양이 자기 양인지 일일이 표시해 놓거든요. 그런데 양도 목자의 음성을 잘 알아들어요.

"나는 선한 목자라 나는 내 양을 알고 양도 나를 아는 것이 아버지께서 나를 아시고 내가 아버지를 아는 것 같으니 나는 양을 위하여 목숨을 버리노라"(요 10:14-15).

예수님이 하신 이 말씀, 정말 좋지요. 마지막 구절까지 읽다 보면 어느새 눈물이 맺혀요.

하나님께서 저에게 "내가 너를 위하여 내 생명을 주었는데 너는 나한테 무얼 달라고 하느냐"라고 말씀하신 적이 있어요. 대학교 2학년쯤이었는데 등록금이 없어서 학교를 그만둘 위기였지요. 모든 것이 답답하고 억울했어요. 기도원에 가서 금식한 지 이틀 만에 저 말씀을 주셨습니다. 저는 그 두려운 하나님의 영광 앞에서조차 반발했어요. '남들은 구하기만 하면 다 주시더니 왜 내게는 거절하시는가' 하는 마음이 들었어요. 그래서 기도하며 화를 냈어요.

"예수님께서 저만을 위해 죽으셨나요? 다른 사람들을 위해서도 죽으신 거잖아요."

기운이 다 빠지도록 통곡하고는 눈물을 닦고 일어나며 생각
했어요.

'하나님이 날 거절하셔도 나는 갈 데가 없지. 어쩌겠어. 그냥
하나님께 붙어 있어야지.'

제가 결혼하고도 한참 시간이 지났을 때 하나님께서 "그 뒤
에 어떻게 되었니?"라고 저에게 물으셨어요. 생각해 보니 제가
등록금을 달라고 구했는데 결국 하나님이 주셨더라고요. 거절
이 아니었던 거예요. 그 뒤로 저는 "내가 너를 위해서 내 생명
을 주었다"는 말만 자주 되뇌었어요. 제가 신앙의 초보자였을
때는 그 말이 특별하지 않았어요. '그 생명은 모두에게 다 준
건데, 왜 자꾸 나한테만 생색이시지?' 하면서 툴툴댔어요. 하
지만 지금은 '하나님 맞아요. 어떻게 저 같은 사람을 위해 생명
을 주셨나요?' '어떻게 저를 위해 채찍에 맞으셨나요?' '어떻게
그 수치스러운 십자가에 달리실 수 있었나요?' '어떻게 하나
님의 아들이란 죄목으로 죽으셨나요?' '어떻게 능력으로 부활
하셨나요?' 하며 하나님을 찬양하고 기뻐하지요. 여러분도 하
나님께 기도해도 응답이 없는 듯 느껴질 때 '내가 너를 위해서
내 생명을 주었다'는 말씀을 붙잡아 보세요.

신앙고백을 하루 일곱 번씩

시편 23편처럼 자신의 마음에 와닿는 성경구절을 정해진 기도 시간 외에 일상생활을 하면서 입에서 수없이 되뇌어 보세요. 한두 구절만 정해도 돼요. 그 구절을 하루에 한두 번씩 혹은 일곱 번씩 반복하면서 선포해 보세요. 그러면 신비로운 일이 일어나요. 이런 신앙고백은 긍정의 언어예요. '내가 지금 힘들어서 죽게 생겼지만, 치료해 주시는 하나님이 계시니 나는 다 나았다'라는 말을 미리 선포하는 거예요. '나는 하나님의 은혜를 입은 자다' '그분은 나를 사랑하신다' '나는 하나님 안에 영원히 거한다' 이렇게 선포하면 내 주변에서 나와 하나님 사이를 이간질하는 마귀들이 그 소리에 기겁하지 않겠어요?

✳

마귀는 우리가 탄식하는 걸 좋아해요. '하나님은 나를 싫어하시는구나' '나는 너무 외로워' '내가 어떻게 살아. 나는 살 수 없어'라는 말을 할 때 마귀는 손뼉을 치면서 좋아해요. 반대로 "여호와는 나의 목자시니 내게 부족함이 없으리로다"(시 23:1), "젊은 사자는 궁핍하여 주릴지라도 여호와를 찾는 자는 모든 좋은 것에 부족함이 없으리로다"(시 34:10), "주께서 나의 슬픔이 변하여 내게 춤이 되게 하시며 나의 베옷을 벗기고 기쁨으로 띠 띠우셨나이다"(시 30:11) 이런 구절을 시시때때로 반복해

읊조려 보세요. 마귀가 낙심하겠지요.

반대로, 내 몸의 세포는 즐거워해요. '맞아, 하나님이 나를 사랑하시지' '나는 은혜를 입었어' '하나님, 저를 도와주세요' '제가 하나님 앞에 있어요'라고 선포하면 내 모든 세포와 혈관 속의 피도 기뻐해요. 무엇보다 하나님이 기뻐하세요. '네가 정말 나를 사랑하느냐?' '내가 네 옆에 있으니 두려워하지 말라' 이렇게 말씀해 주세요. 긍정의 신앙고백으로 특별한 기도 시간을 준비하고, 기도 시간에 내 몸을 앉혀서 하나님을 부를 때 하나님께서 어떻게 반응하시는지 한번 체험해 보세요. 이것이 쉬지 말고 기도하라는 하나님의 명령을 실천하는 방법이에요. 우리가 쉬지 않고 기도할 수 있는 것은 이런 신앙고백으로 우리 삶을 점점이 수놓기 때문이에요. 얼마나 하나님이 기뻐하실까요?

또 찬송가든 CCM이든 가사를 자세히 곱씹으면서 찬양하는 것도 신앙고백이 될 수 있어요. 찬송가에는 600곡이 넘는 찬양이 있는데 그 가사를 자세히 살펴보세요. 거의 모든 찬송가에 예수님이 구주 되심과 하나님 되심을 찬양하는 내용이 들어 있어요.

제가 찬송을 부르던 어느 날, 찬송가 작사가들은 아마도 성령의 감동으로 가사를 썼을 텐데 그들이 감동의 최고치에 이르렀을 때 느끼는 공통분모가 예수 그리스도였구나 하는 깨달음이 왔어요. 그들은 예수님이 하나님 되신 것을 깨닫고 감격했을 거예요. 어떻게 하나님이 이 세상에 육신의 모양으로 오실 수 있는가, 어떻게 죄인처럼 징계를 받으시고 평화를 주실 수 있는가, 어떻게 예수님이 임마누엘로 오실 수 있는가 하는 감동이 찬송가 가사에 들어 있어요. 그러니 찬송가를 반복해서 부르는 것도 시편의 한 구절을 암송하는 것과 마찬가지로 하나님께 드리는 신앙고백이에요.

"오, 놀라운 구세주 내 주 예수 참 능력의 주시로다"라는 찬송도 신앙고백이에요. 이 찬송을 하루 종일 부를 수도 있죠. 이 찬송에 '아멘'을 넣어 부르면서 기도를 시작하거나 기도를 준비하는 마음으로 종일 시시때때로 찬송을 부르다가 기도시간에 30분에서 한 시간 정도 기도해 보세요. 기도의 밀도가 얼마나 달라지는지 몰라요.

신앙고백으로 빛나는 기생 라합

구약 성경 여호수아서에 기생 라합의 이야기가 나옵니다.

기생 라합은 여리고성을 정탐하러 왔던 이스라엘의 정탐꾼 두 사람을 숨겨 줍니다. 그 두 사람은 여호수아가 파견했던 정탐꾼으로, 옛날에 모세가 파견했던 열두 명의 정탐꾼과는 다른 사람들이에요. 기생 라합은 이 두 명의 정탐꾼에게 자기가 소문으로 들었던 이스라엘의 하나님에 대해 이야기해요. 그녀는 여리고성 사람으로, 여리고성이 무너질 때 함께 죽을 수밖에 없는 신분이었어요. 그런 그녀가 자기 주막을 찾아온 수많은 나그네를 영접하면서 이스라엘 백성을 애굽에서 탈출시킨 하나님의 이야기를 소문으로 들었던 거예요. 그것은 사실 40년 전 얘기거든요. 우리로 치면 한국전쟁 때의 얘기를 들은 거죠.

그녀는 정탐꾼에게 여리고성 주민들이 이스라엘의 하나님 이야기를 듣고는 "곧 마음이 녹았고 너희로 말미암아 사람이 정신을 잃었나니 너희의 하나님 여호와는 위로는 하늘에서도 아래로는 땅에서도 하나님이시니라"(수 2:11)라며 모든 세상을 주관하시는 하나님을 찬양해요. 정탐꾼 두 사람은 이스라엘로 돌아가 라합의 이야기를 이스라엘 백성에게 전해 주죠. 이스라엘 백성은 하나님의 위대함을 찬양한 라합의 이야기에 큰 용기를 내서 여리고성에 대한 하나님의 전략에 완전히 순종하게 되지요. 매일 여리고성을 한 바퀴씩 돌다가 마지막 날에는 일곱 바퀴를 돌고 나팔 소리가 날 때 큰 소리로 함성을 지르라는 전략 말이에요. 그들의 승리는 라합의 신앙고백의 힘 덕분이었어요.

하나님이 어떤 분인지 이미 알고 있던 라합은 그것을 정탐꾼들에게 말했고 그 실천으로 목숨을 걸고 정탐꾼들을 숨겨 주었어요. 그러면서 그들에게 자기 집 창문에 붉은 줄을 달아 놓을 테니 가족들의 목숨을 지켜 달라는 약속을 받아 내지요. 그리고 식구들을 다 모아 자기 집 안에 엎드려 있게 하고 하나님의 심판이 있을 때까지 집을 떠나지 않고 기다렸던 거예요. 그녀는 빛나는 신앙고백과 그것을 행동으로 실천할 수 있는 용기도 함께 지니고 있었어요. 라합의 신앙고백을 우리도 따라해 봐요.

"하나님 당신은 하늘의 하나님이시고 이 땅의 하나님이시며 내 인생의 하나님이시고 내 모든 문제의 해결자이십니다."

이렇게 다른 사람의 고백을 본떠서 나의 신앙고백에 변화를 줘 가면서 기도할 수 있어요. 다른 사람의 고백을 노트에 기록하고 노트를 바라보면서 암송하고 하나님 앞에 나아갈 수 있는 거죠.

사랑의 하나님, 능력의 하나님, 우리 아버지가 되어 주셔서 감사합니다. 하나님은 우리의 아버지이십니다. 우리를 당신의 자녀 삼으시고 독생자 예수 그리스도를 우리에게 아낌없이 주시기까지 우리를 사랑하시는 아버지이십니다. 그 아버지의 이름을 날마다 의지합니다. 날마다 아버지의 성품을 배우고 그 성품을 따라서 우리 삶을 변화시키고 하나님을 기쁘시게 하길 원합니다. 이 시간에 함께하는 당신의 모든 자녀에게 역사하시옵소서. 깊은 기도로 인도해 주옵소서. 우리의 신앙고백이 하늘 문을 열게 하옵소서. 더 깊은 신앙고백으로 나아가도록 인도하옵소서. 아버지 하나님, 사랑합니다. 영원히 사랑합니다. 의지합니다. 더 담대히 하나님을 신뢰하고 날마다 기쁨과 감사함으로 말씀의 떡을 떼며 기도하겠습니다. 연약한 우리를 붙들어 주시옵소서. 성령님께 의탁합니다. 예수님의 이름으로 기도합니다. 아멘.

초보자의 질문으로
배우는 더 깊은 기도

하나님, 예수님, 성령님.
누구를 떠올리며 기도해야 하나요?

<진약사의 기도학교>
유튜브 6강 바로 시청

기도는 이론이 아니라 실제입니다. 긴 시간 훈련이 쌓여야 하지요. 피아노나 수영을 배울 때도 그저 선생님이 가르쳐 주는 이론 수업만 듣는다고 그것이 내 것이 되지는 않죠. 저희 집에도 피아노가 있지만 지나가면서 뚜껑만 열어 본다고 실력이 쌓이는 건 아니거든요. 실제로 시간을 내서 연습해야 해요. 기도도 마찬가지예요. 기도에 대해 아무리 수업을 많이 들어도 직접 해 보는 것만큼 중요한 것이 없거든요.

또 기도는 피아노나 수영보다 훨씬 더 고차원적인 일입니다. 요즘 같은 때에 누가 기도에 관심을 갖겠어요. 그럼에도 기도에 관심을 갖고 이 책을 읽고 있는 여러분은 이 시대에 영적인 리더들이에요. 그래서 저는 여러분을 사랑하고 존경합니다.

저보다 더 기도의 지경이 높은 분들도 있을 거라고 생각해요. 그런 분들은 어린 아이한테도 배울 것이 있다는 편안한 마음으로 이 책을 읽어 주시고, 기도를 처음 배우는 분들은 새로운 지경이 열리는 설레는 마음으로 봐 주시면 좋겠어요. 그러면 여러분 속에 있는 영이 반응할 것이고, 하나님도 기뻐하실 것입니다.

이번 여섯 번째 강의에는 지난번 제 유튜브 영상 댓글에 어떤 분이 올린 질문을 주제로 삼았어요. 성부와 성자와 성령, 즉 하나님, 예수님, 성령님 중에 누구를 생각하며 기도해야 하는지 궁금하다는 질문이었어요. 물론 세 분은 곧 한 분 하나님이시니 어느 호칭을 쓰든 크게 문제될 것이 없지만, 기도할 때 이렇게도 불렀다가 저렇게도 불렀다가 해서 혼란스럽다는 글을 주셨더라고요. 저도 그분의 말씀에 충분히 공감합니다. 저 역시 그런 과정을 거쳤으니까요. 지금 기도를 새롭게 시작하는 분들에게는 이것 또한 중요한 문제겠구나 싶어 그 주제를 선택했어요.

결론부터 말씀드리자면 예수님을 생각하며 기도해야 해요. 삼위일체라는 말은 어거스틴이 처음 썼다고 해요. 성부·성자·성령 세 분이 각각 다른 인격을 가지고 있지만 본질은 하나라는 거예요. 어거스틴의 영적인 지각은 정말 대단한 것 같아요. 어떻게 그런 생각을 했는지 하나님께서 주신 감동이라는 말밖에 할 말이 없어요.

그렇다면 삼위일체 하나님을 생각하면서 기도할 때는 어떻게 해야 할까요? 제가 문득 떠오르는 성경 구절이 몇 개 있어요. 먼저 "그러므로 함께 하늘의 부르심을 받은 거룩한 형제들아 우리가 믿는 도리의 사도이시며 대제사장이신 예수를 깊이 생각하라"(히 3:1)라는 구절이에요. 한마디로 예수를 깊이 생각하라는 말이죠.

제 남편이 신학교 다니던 시절의 이야기예요. 하루는 아침 일찍 등교를 했는데 그날따라 학교 건물 안에 걸려 있는 커다란 액자 속 글이 자기 마음속에 확 들어왔대요. 액자에는 독특한 흘림체로 '예수를 깊이 생각하라'라는 글자가 적혀 있었다고 해요. 그날 이후로 지금까지도 저는 '예수를 깊이 생각하라'는 말씀을 제게 주신 말씀으로 묵상하고 있어요.

예수를 깊이 생각하라는 것은 1차적으로 복음서를 많이 읽고 배우라는 뜻이에요. 성경 총 66권 중에서도 핵심 중의 핵심이 바로 마태·마가·누가·요한, 이 사복음서예요. 성경 전체가 예수 그리스도에 관한 책이지만, 특히 이 사복음서는 예수님의 공생애를 다뤘기 때문이에요.

예수님이 이런 말씀을 하신 기록이 있어요.

"너희가 성경에서 영생을 얻는 줄 생각하고 성경을 연구하거니와 이 성경이 곧 내게 대하여 증언하는 것이니라"(요 5:39).

여기서 예수님께서 말씀하신 성경은 구약 성경을 말해요. 예수님이 공생애 중이셨으니 신약은 아직 나오기 전이죠. 구약 성경은 예수님이 태어나기 이전의 책인데 예수님은 그 책을 가리켜 당신 자신의 책이라고 하셨어요. 하물며 신약 성경은 어떻겠어요. 예수 그리스도의 공생애를 다룬 사복음서에는 예수님이 오셔서 무슨 말씀을 하시고 어떤 기적을 베푸셨는지, 또 어떻게 사람들을 가르치시고 치유하셨는지에 대한 기록들이 담겨 있어요. 한마디로 예수님의 3년 공생애를 집중적으로 다룬 책이죠.

저는 처음 사복음서를 읽었을 때 참 놀라웠어요. 마태복음을 다 읽고 마가복음을 읽었더니 앞에 나왔던 얘기가 또 나오는 거예요. 누가복음을 읽었더니 새로운 내용도 있지만 거기에도 아까 읽었던 내용이 자꾸 나와요. 이처럼 예수님의 3년 공생애를 네 사람이 각각 자기 시각에서 조명하여 쓴 책이 네 권의 복음서가 되었으니 그럴 수밖에 없지요. 왜 하나님은 같은 시기에 예수님 한 분에 대해 전혀 다른 네 사람이 서로 다른 각도에서 성경을 기록하게 하셨을까요? 가장 중요하기 때문이에요.

성경은 하나님의 감동으로 사람이 기록한 책이에요. 같은 사건이라도 각각 자신의 출신, 성장 배경, 가치관에 따라서 조금씩 다르게 바라볼 수 있어요. 하나님께서는 이처럼 다르게 바라보는 것을 활용하셨어요. 요한, 누가, 마태, 마가의 시각을 다 옳다고 인정하시면서 네 가지 각도에서 예수 그리스도를 조명하도록 하신 거죠. 따라서 복음서를 깊이 읽다 보면 절로 예수님을 알고, 하나님을 아는 데까지 이르게 됩니다.

예수 그리스도를 알아 간다는 것은

요한복음에 이런 말씀이 있어요.

"본래 하나님을 본 사람이 없으되 아버지 품속에 있는 독생하신 하나님이 나타내셨느니라"(요 1:18).

천지를 지으신 창조주 하나님은 아무도 본 사람이 없어요. 예수 그리스도께서는 영이시지만 사람의 육체로 이 세상에 오셨어요. 사람들과 함께 생활하며 사람들 속에서 먹고 자고 가르치셨고 고난당해 죽으시고 부활하신 거예요. 이런 예수님을 자세히 묵상하면 보이지 않는 하나님에 대한 우리의 지식이 올라가게 돼요. 하나님을 아는 지식 없이 그냥 기도하면 우리의 기도 수준은 한계가 있을 수밖에 없어요. 깊은 기도로 나아갈 수 없고 그저 우상을 섬기는 것처럼 될 수도 있어요.

사람들은 저마다 하나님의 형상을 자기 나름대로 머릿속에 가지고 있어요. 그 형상이 어린 시절 자기 부모를 통해서 습득된다는 것 들어 보셨는지요? 영국 사람들은 하나님을 영국 신사의 형상으로 생각한대요. 모자 쓰고, 양복 입고, 긴 우산을 들고 있는 신사의 모습. 그러면 중국 사람들은 하나님을 도인처럼 생각하겠죠. 같은 문화권 안에서도 자기의 삶에 따라 고정관념이라는 게 있어서 하나님에 대한 상이 저마다 달라요. 그분의 음성도 달라요.

또 예를 들어 갑자기 교통사고가 날 뻔했어요. 어떤 사람은 '하나님이 나를 구원해 주셨구나. 나를 도와 살리셨구나' 하고 기뻐하는 반면, 어떤 사람은 '내가 무슨 죄를 지었기에 나를 벌하시려고 주목하고 계신 건가' 하고 두려워해요. 그것은 각각 하나님에 대한 상이 다르기 때문이에요. 어떤 사람은 하나님을 무서운 분, 두려운 분, 죄에 대해 벌하시는 분, 굉장히 차갑고 냉정하신 분이라고 생각할 수도 있고, 어떤 사람은 내가 아무엇도 모르고 철없어도 마냥 예뻐해 주시는 분으로 생각할 수도 있어요. 어느 쪽도 하나님의 참 모습과는 거리가 있어요. 하나님께서는 당신이 어떤 분인지 더 많이 알아가려고 하는 사람을 주목하세요.

오병이어의 기적이나 죽은 나사로를 다시 살리는 사건처럼 단순히 어떤 사건을 내 머릿속에 기억한다고 예수 그리스도를 아는 것은 아닙니다. 성경을 거듭 묵상해 그 속에서 하나님이 나에게 해 주고 싶으신 말씀이 무엇인지 생각해 내는 것이 예수님을 정말 아는 것이라고 할 수 있어요. 목사님의 설교를 통해, 저처럼 성경을 가르치는 평신도를 통해, 함께 신앙생활 하는 공동체의 권사님이나 집사님을 통해 그들의 묵상을 전해 듣고 예수 그리스도를 아는 시각이 넓어질 수도 있어요.

예수 그리스도를 알아 간다는 것은 단시간에 끝나는 것이 아니라 평생 하는 거예요. 또한 예수 그리스도를 알려는 노력이 기도와 결부되어야 더 깊은 기도로 나아갈 수 있어요. 예수 그리스도를 구약 성경에서 만나고 신약 성경 복음서에서도 만나고 서신서에서도 만납니다. 그러면 기도를 할 때 온통 예수 그리스도만 생각할 수 있어요. 그것이 예수님을 깊이 생각하는 거예요.

예수님이 간음하다 현장에서 잡힌 여인에게 말씀하시는 장면, 그리고 주변에 둘러선 살기등등한 사람들을 향해 "너희 중 누구든지 죄 없는 자가 먼저 돌로 치라"고 말씀하시는 장면을 묵상하면서 하나님의 이름을 불러 보세요. 그러면 "그래 맞다. 내가 네가 부르는 그 하나님이다"라고 응답하십니다. 예수님을 깊이 묵상한다는 것, 예수님의 모습을 생각하고 그분의 말씀을 내 속에 새긴다는 것은 "가까이 가지 못할 빛에 거하시고 어떤 사람도 보지 못하였고 또 볼 수 없는"(딤전 6:16) 하나님을 묵상하는 것과 동급이에요.

그럼 성령은 무엇일까요? 성경에서는 성령을 '예수의 영'이라고 해요. 그밖에도 '부활의 영' '예수의 영' '예수를 알게 하는 영'이라는 표현도 있어요. 사실 육체를 가진 우리가 하나님을 가장 쉽게 알 수 있는 방법은 온통 예수 그리스도를 생각하는 거예요. 그리고 목사님들이 기도할 때 "성령님, 오시옵소서"라는 말도 자주 하세요. 이때 성령님은 예수의 영, 예수를 부활하게 하신 영, 예수님과 함께하시는 영, 예수를 알게 하시는 영이라는 뜻으로 생각하면 돼요. 그래서 우리가 기도할 때 전능하신 하나님, 창조주 하나님, 아브라함의 하나님, 이삭의 하나님이라고 부르지만, 머릿속에는 그런 성령님을 염두에 두는 것이죠.

제 남편 목사님이 "성령님, 오시옵소서"라고 말하면 전 너무 기뻐요. 그때마다 바로 성령님의 임재를 느낄 수 있거든요. 제가 "성령님, 오시옵소서" 하는 것과는 그 느낌이 달라요. 그래서 '하나님이 택하신 종들은 확실히 다르구나, 단지 평신도가 기도를 많이 해서 다다를 수 있는 경지와는 다르구나' 하는 생각이 들기도 해요. 어떤 때는 남편을 보면서 '왜 하나님은 저 사람을 자신이 좋아하는 일이나 공부하는 것을 못하게 차단하고 기도하는 사역자로 세우셨을까' 생각해 봐요. 알 수는 없죠. 하나님의 계획이시니까요. 저도 목사님처럼 풀타임으로 사역만 하고 싶었지만, 이렇게 약국에 못 박아 두셨거든요.

저는 늘 약국을 벗어나고 싶었어요. 하지만 내가 꼼짝없이 있어야 하는 곳, 그 조제실로 어느 날 하나님이 찾아오셨어요! 놀라운 것은 그때 처음으로 베드로가 고기잡이 하던 배에서 비린내가 났을 거라는 생각이 들었어요. 제가 있는 조제실, 눈으로 보기에는 청결했지만 예수님의 임재 앞에서는 냄새 나는 곳이었어요. 사람의 비린내, 혹은 내 생활의 비린내라고 해야겠죠. 그게 느껴졌어요. 그런 곳에 예수님이 오신 거예요.

한번 생각해 보세요. 하나님은 여러분의 현장에 늘 계시지만 어떤 특별한 순간에 당신의 존재를 나타내실 때가 있어요.

놀라운 일이지요.

우리가 함께 기도하면 성령께서 더 강하게 임하십니다. 여러분도 부부가 함께, 교회 공동체가 함께 기도해 보세요.

오늘 제가 드리고 싶은 말씀은 복음서를 외울 정도로 반복해서 묵상하라는 것입니다. 예수님을 떠올리며 성령님의 능력에 힘입어 깊은 기도로 나아가게 하는 아주 좋은 습관입니다.

기도 형식에 대한 결론을 내려 볼게요.

천지를 지으신 하나님, 아브라함과 이삭의 하나님, 이스라엘의 하나님, 이런 이름은 성부 하나님을 부르는 것입니다. 거룩하신 하나님, 사랑의 하나님, 이런 호칭도 성부 하나님을 지칭하지요. 기도의 시작은 성부 하나님을 가리키는 호칭으로 하세요. 마음속으로는 임마누엘이신 예수님을 그리면서 기도하십시오. 간간히 성령님을 초청하는 것도 좋아요.

"성령님, 오시옵소서."

그 이상은 여러분 각자가 성장하면서 배우게 될 것입니다.

전능하신 하나님 아버지, 말씀이 육신이 되어 이 땅에 예수 그리스도의 모습으로 오셨습니다. 주를 사모하는 우리 모든 성도가 기도할 때 예수 그리스도를 깊이 알게 해 주옵소서. 복음서를 펼쳐서 읽기만 해도 예수 그리스도를 알아 가는 지식이 쑥쑥 자라나게 하옵소서. 부쩍 부쩍 늘게 하옵소서. 예수님의 호흡이 느껴지게 하옵소서. 그리고 성도들이 "성령님, 오시옵소서" 하고 부를 때 우리에게 찾아오시옵소서. 예수의 이름을 부르며 사모하는 마음으로 치유를 위하여 기도할 때 성령님 오셔서 만져 주시고 더 깊이 주께 나아갈 용기를 주시옵소서. 날마다 정한 시간에 정한 기도제목을 두고 자기를 앉혀 놓을 수 있는 굳건한 믿음을 우리 모두에게 주시옵소서. 하나님, 정말 사랑합니다. 우리 안에 거하기를 기뻐하시는 하나님, 자기를 낮추사 죽기까지 복종하신 하나님, 우리도 그 십자가를 지고 주님을 따르기를 원한다고 말씀하셨습니다. 주님을 따라가는 우리 모두 되게 해 주시옵소서. 이 시간에 기름 부으시고 성령님 친히 역사하셔서 함께 기도하는 분들이 큰 위로받게 해 주시옵소서. 감사하오며 예수님의 이름으로 기도합니다. 아멘.

2부

응답받는 기도

기도하다가 화가 나고
세상이 더 미워진 사연

여리고성 싸움에
입을 다물라고 하신 속 뜻

<진약사의 기도학교>
유튜브 7강 바로 시청

기도학교 일곱 번째 강의에서 준비한 내용은 기도한 뒤의 마음 상태에 대한 거예요. 혹시 여러분은 기도하고 나서 배우자나 부모, 형제와 다툰 적은 없나요? 기도하고 나서 더 교회가 싫어지고 사는 게 짜증났던 적은 없나요? 기도를 많이 했던 분들은 제 말이 무슨 뜻인지 십분 이해할 수 있을 거예요. 저도 그랬지만 제 주변에서도 기도하는 분들이 그 과정에서 온유함을 잃거나 눈꼬리가 올라가고 무서운 사람이 될 때가 있더라고요. 그래서 이것은 분명히 짚고 넘어가야 한다, 뭐가 잘못된 건지 생각해 봐야 한다 싶어 오늘 그 이야기를 준비했어요.

언젠가 저희 교회에서 집회도 하고 기도도 할 특별한 공간을 마련한 적이 있어요. 차로 10분 정도 가면 나오는 전원주택 같은 곳이었어요. 저는 그곳으로 기도하러 가는 것을 참 좋아해서 거기서 몇 시간씩 기도를 했어요. 한번은 여느 때처럼 기도를 하고 났는데 정말 신경이 날카로워져 있었어요. 그 이유가 무엇이었을까요?

혹시 여러분, 여리고성 전투에 대해 생각해 보셨나요? 모세가 죽고 그다음 리더가 된 여호수아가 이스라엘 백성을 이끌고 요단강을 건너 가나안 땅을 정복하기 시작하죠. 그때 치렀던 첫 번째 싸움이 여리고성 전투였는데, 그 성은 그야말로 난공불락의 요새였어요. 어떤 공격에도 끄떡하지 않는 견고한 성이었죠. 그 성을 취할 때 하나님께서 기가 막힌 전략을 주셨어요. 성을 하루에 한 바퀴씩 6일 동안 돌다가 마지막 7일째 되는 날 아침 일찍 일어나서 제사장들이 양각 나팔을 부는 가운데 일곱 바퀴를 돌라는 것이었어요. 또 중요한 것은 성 주위를 돌면서 입을 다물고 말을 하지 말라는 것이었어요.

그 성의 크기가 어느 정도였을까요? 아침부터 하루 종일 돌면 일곱 바퀴를 돌 수 있을 정도의 크기라는 의미인데, 연구에 따르면 여리고성이 축구장 네 개 정도 되는 규모였다고 해요.

어쨌든 이 이스라엘 백성이 하루 종일 여리고성을 돌면서 무슨 생각을 했을까요?

아침에 가서 성을 한 바퀴 도는 것을 우리가 그날 하루의 기도를 했다고 생각하면 될 것 같아요. 우리가 기도를 하면서 기도제목을 떠올리잖아요. 예를 들어 "남편에게 선한 마음을 주시고 열정적인 마음을 주세요" 하면서 남편을 축복하는 기도를 하거나 큰 시험을 앞둔 자녀가 그 시험에 통과할 수 있도록 기도하지요. 그때마다 우리는 그 사람의 상황과 문제를 생각하면서 하나님의 도우심을 구하고 예수 그리스도를 묵상합니다.

이처럼 기도를 한다는 것은 여리고성을 한 바퀴 돌았을 때와 같은 거예요. 나에게 닥친 문제가 얼마나 어려운지 뼛속 깊이 느껴지는 것이지요.

이스라엘 백성은 깊은 침묵 속에서 여리고성을 돌면서 그 성벽을 자세히 보았겠지요. 여리고성은 굳게 닫혔고 출입하는 자가 전혀 없었어요. 난공불락의 성이 더 그들의 피부에 와 닿았겠죠. 돌면서 무슨 말이라도 해야 하는데 하나님은 한 마디도 하지 말라고 하셨어요. 완전한 침묵 작전이었어요.

성 주위를 돌 때 떠들거나 서로 말을 할 수 있었다면 상황이 어땠을까요? 좋은 말이 안 나왔겠죠. '어떻게 저런 견고한 성이 무너지겠어' '하나님은 왜 우리한테 이런 방법을 요구하셨지' 하면서 불만을 터뜨렸을지도 몰라요. 우리는 지금 여리고 성이 어떻게 무너졌는지 잘 알지만 당시 이스라엘 백성에게는 선례가 없는 일이었어요. 게다가 모세도 이미 죽었고 여호수아를 중심으로 그런 전략을 따를 때 정말 마음이 착잡하고 힘들었을 거예요. 그래서 하나님이 한 마디도 못 하게 하신 거였어요.

기도하면서 내 마음이 앞선다면

우리도 기도할 때 그런 침묵이 필요해요. 그 나라와 그 의를 구하는 기도도 마찬가지예요. 교회의 어떤 문제를 위해 거룩한 마음을 가지고 기도할 때도 그 문제를 자세히 들여다보면서 하나님 앞에 기도하다 보면 하나님은 가만히 계시는 것 같고 내가 더 의롭다는 생각이 들 때가 있어요. 내가 이 문제에 대한 해결책을 다 알고 있다고 생각하는 것이죠. '저 집사는 이렇게 해야 하고, 저 목사는 이렇게 해야 한다'는 식으로 내 마음이 더 앞서는 거 예요. 그런 것들이 마음속에 들어와 있으니 답답하고 화가 나고 속상한 거예요. 그러니 기도를 다 하고 나서도 짜증이 나고 더 우울해지고 침울해지고 낙심이 될 수밖에 없어요. 이것이 함정인 것 같아요. 그래서 기도할 때마다 '내가 여리고성을 돌면서 하지 말라고 했던 부정적인 말을 하는 게 아닌가' 하고 자기 자신을 돌아봐야 해요.

저는 기도하러 가는 길에 친한 사람을 만났다가 둘이 놀이터에 앉아서 기도해야 할 문제까지 다 얘기하고 정작 기도는 하지 않고 돌아가 버리는 사람들을 본 적이 있어요. 하나님께 기도하려고 하면 모든 면에서 마음을 낮춰야 해요. 하나님이 나보다 훨씬 더 그 문제에 대해서 전문가시고 나는 아무것도 아니라는 겸손과 경외감이 필요해요. 내가 나를 쳐서 복종시키고 하나님의 전능하심을 바라봐야 해요. 이스라엘 백성도 아침부터 저녁까지 여리고성을 돌면서 불만과 불평을 딛고 섰던 거예요. 사실 전투에서 그쯤 되면 '이스라엘의 하나님, 우리에게는 아무 능력이 없습니다. 하나님, 저희를 도와주세요' 하는 소리가 저절로 나왔을 법해요. 하나님께서는 그런 생각이 머리끝까지 차올랐을 때 나팔 소리와 함께 일제히 함성을 지르라고 하신 거예요.

우리 내면의 전쟁을 생각해 보세요. 하나님은 참 사람의 내면을 잘 아시는 분이에요. 우리가 병들었거나 어떤 문제에 처했을 때 하나님께서 정말 원하시는 것은 우리 영혼의 치유, 회개와 회복, 보이지 않는 영적인 각성이 일어나는 것이에요. 사실 떡을 주거나 시험에 합격시키는 것은 아무것도 아니에요. 하나님은 우리를 깨끗하게 해 주고 싶으신 거예요. 그리고 우리의 팍팍한 마음에 하나님이 얼마나 아름답고 거룩하고 전능하신 분인지 깊게 각인시켜 주고 싶으신 거예요. 우리가 그것을 깨달아야 우리의 타락한 본성이 변화하지 않겠어요?

제가 힘들게 대학 다닐 때 "아무것도 염려하지 말고 다만 모든 일에 기도와 간구로, 너희 구할 것을 감사함으로 하나님께 아뢰라"(빌 4:6)라는 말씀이 제일 간절했어요. 그때는 밥값도 없고 방세도 석 달이나 밀려 있고 차비도 없고…. 정말 없는 것 투성이였어요. 당시 과외 아르바이트를 했지만 언제든지 잘릴 수 있었거든요. 어떤 학부모는 고학생인 제가 수업을 하루 빠지거나 하면 그것을 문제 삼아 욕을 하면서 가차 없이 해고시켰어요. 보통 수고비를 후불로 받았는데, 해고당하면 보름 정도 수업을 했어도 한 푼도 받지 못했어요. 차갑고 냉정한 학부모들한테 당하면서 하루하루가 힘들고 고통스러웠어요.

저는 성경을 보면서 '기도하면 도와주신다, 들어주신다'라는 구절을 찾아 헤맸어요. 그런 구절만 눈에 띄면 어떤 때는 하루 종일 암송하면서 도움을 구했어요. 그때 제가 가장 많이 봤던 구절 중 하나가 바로 "아무것도 염려하지 말고 다만 모든 일에 기도와 간구로, 너희 구할 것을 감사함으로 하나님께 아뢰라"라는 말씀이었어요. 모든 일에 기도와 간구로 하나님께 감사함으로 아뢰라니 얼마나 좋아요. 그런데 그다음 구절이 이상해요. '들어주시리라'가 아니라 "그리하면 모든 지각에 뛰어난 하나님의 평강이 그리스도 예수 안에서 너희 마음과 생각을 지키시리라"(빌 4:7)예요. 왜 이런 구절이 이어질까요? 우리가 하나님께 아뢰다가 우리 마음이 더 깨져 버리는 수가 있기 때문이에요.

내 마음이 하나님 마음보다 의에 가득 차서 내 말을 들어주시지 않는 하나님께 더 화가 나고 섭섭한 마음이 드는 것이죠. 이때 저처럼 성깔 있는 사람들은 하나님께 화가 나서 따지고 주먹 쥐고 더 부르짖지만, 착한 사람들은 조용히 하나님과 멀어지고 말아요. 화가 나서 따질 때 하나님께서 이렇게 말씀하십니다.

"얘야, 네 기도가 네 입에서 나왔을 때 나는 벌써 다 들었어. 계속해서 네가 기도하게끔 하는 것은 너를 위해서야. 내가 너에게 나의 영광을 나타내 줄 테니 기다려라. 다만 너의 마음과 생각을 지키렴. 네 마음과 생각이 하나님께 굴복하도록 네 자신을 지켜야 해. 그래야 네가 하나님 앞에 더 가까이 나아올 수 있어."

기도하다가 여러분의 마음과 생각을 그리스도 예수 안에서 지키지 않으면 아무것도 의미가 없는 거예요. 하나님께서 나의 기도를 척척 들어주시면 내가 얼마나 교만해지겠어요. 하늘 높은 줄 모르고 기세등등해지겠죠.

여리고성 전투 이야기와 빌립보서 4장 6절의 말씀을 가슴에 새기세요. 감사함으로 하나님께 아뢰라. 너보다 하나님이 더 크시다. 벌써 다 들어주셨다. 겸손하라. 그리하면 모든 지각에 뛰어난 하나님의 평강이 그리스도 예수 안에서 너희 마음과 생각을 지키시리라.

하나님 아버지, 감사합니다. 아무것도 염려하지 말라는 말씀, 우리의 모든 것을 감사함으로 아뢰라는 말씀, 우리에게 있어야 할 것을 벌써 다 아신다는 말씀에 큰 위로를 받습니다. "너희가 악할지라도 좋은 것을 자식에게 줄 줄 알거든 하물며 너희 하늘 아버지께서 구하는 자에게 성령을 주시지 않겠느냐"(눅 11:13) 말씀하신 하나님 우리 아버지, 저희의 믿음 없음을 불쌍히 보시옵소서. 저희에게 오셔서 하나님의 말씀을 새겨 주옵소서. 여리고성을 도는 마음으로 우리 입술을 닫고 끓어오르는 분노나 답답함이나 육신의 생각을 하나님 앞에 굴복시키게 하옵소서. 나 자신을 굴복시키고 하나님께만 영광 돌리겠습니다. 당신의 모든 자녀에게 더 큰 영감을 주옵소서. 기도 시작한 것 낙심치 아니하고 매일 감사함으로 당신께 올려드리게 하옵소서. 각 사람을 어루만져 주시고 해같이 빛나는 사람, 주의 영광으로 세상 가운데 빛들로 나타나는 자녀가 되게 해 주시옵소서. 하나님, 사랑합니다. 우리 죄와 악한 마음을 다 씻어 주시옵소서. 우리도 모르게 먹었던 악한 마음, 조급한 마음, 욕심 다 씻어 주시옵소서. 예수님처럼 변화되게 하여 주시옵소서. 예수님의 이름으로 기도합니다. 아멘.

응답받는 기쁨

작정기도 3요소

<진약사의 기도학교>
유튜브 8강 바로 시청

기도학교 8강은 작정기도입니다. 작정기도를 통해 하나님께서 베푸시는 기적을 체험해 보는 것, 정말로 중요합니다. 여러분의 간절한 필요가 채워지는 경험을 하면 신앙이 많이 성장하니까요. 우리 인생에 하나님께서 어떤 식으로 기도에 응답하시는가를 체험하는 사건들이 쌓여 갈수록 하나님께 더 감사하고 겸손해지며 더 큰 기도, 그 나라와 그 의를 위한 기도도 할 수 있어요. 그만큼 기도의 폭이 넓어지는 유익이 있어요. 그리고 하나님이 얼마나 여러분에게 관심이 많으신지도 몸소 체험해 볼 수 있어요.

성경에 나오는 대표적인 작정기도는 다들 아시다시피 다니엘 기도, 여리고 기도가 있어요. 성경에는 작정이라는 말이 나오지 않지만, 기간을 정해 놓고 분명한 기도제목으로 집중적으로 기도하는 것을 의미해요. 온 마음과 몸을 던져 집중해서 기도했을 때 하나님께서 그 기간 안에 놀랍게 역사해 주세요. 보통 다니엘 기도는 21일을, 여리고 기도는 7일을 얘기하는데 이런 것은 하나의 예시일 뿐이고 저는 1년 작정기도를 한 적이 있어요.

작정기도를 할 때는 **먼저 기간을 정해야** 해요. 기도제목에 따라서 기간은 달리 정할 수 있어요. 기간을 어떻게 정할지도 하나님께 기도해 보고 정하는 것이 좋아요. 여러분의 마음에 하나님의 음성처럼 와 닿는 것이 있을 거예요.

그다음에 중요한 것은 **작정예물이에요. 예물을 기간 안에 심으면서 기도할 때 우리의 마음이 더 강하게 집중되거든요. 그리고 예물은 내가 얼마만큼 하나님을 의지하는지 나의 정성과 간절함을 하나님께 표현하는 수단이 될 수 있어요.** 예물을 얘기하면 마음에 담을 쌓는 분들이 있는데 여기에서는 더 진솔하고 편하게 예물에 대해 말할 수 있을 것 같아요.

과부의 두 렙돈, 작은 돈이었을까

예물에 대해 거론할 때 가난한 과부의 두 렙돈 이야기를 자주 예로 들어요. 하루는 예수님께서 사람들이 어떻게 헌금함에 돈을 넣는가를 가만히 보셨어요. 서기관과 바리새인과 부자들은 많은 돈을 헌금하는데, 어느 가난한 과부는 동전 두 닢을 헌금함에 넣는 거예요. 그 모습을 보시고는 예수님께서 제자들에게 이렇게 말씀하세요.

"내가 진실로 너희에게 이르노니 이 가난한 과부는 헌금함에 넣는 모든 사람보다 많이 넣었도다 그들은 다 그 풍족한 중에서 넣었거니와 이 과부는 그 가난한 중에서 자기의 모든 소유 곧 생활비 전부를 넣었느니라"(막 12:43-44).

과부를 칭찬하신 거죠. 그래서 어떤 사람은 두 렙돈에 집중해서 정말 가볍게 그 만큼의 헌금을 계산해서 하는 경우도 있어요.

이제 이 말씀을 자세히 볼게요. 하나님이 뭐가 부족해서 우리에게 예물을 받으시겠어요? 하나님은 우리의 정성, 마음을 받으시는 거예요. 작은 것이라도 정성을 다해 드리는 예물을 받으신다는 것을 두 렙돈 이야기를 통해 확인할 수 있어요. 하지만 한 가지 분명하게 짚고 넘어갈 것은 과부에게 두 렙돈은 생활비 전부였다는 거예요. 하나님은 전부를 기뻐하세요. 하나님이 왜 십일조를 받으실까요? 십일조는 소득의 10분의 1이에요. 전부가 아니라 일부지만 그 소득의 10분의 1을 하나님께 드리면 전부를 드린 것으로 인정해 주겠다고 하세요. 하나님께서 우리에게 베푸시는 자비에 근거한 계약인 셈이죠.

하나님이 정말로 원하시는 것은 우리의 전부예요. 새벽기도를 드리는 것을 왜 하나님이 기뻐하실까요? 새벽 한 시간을 하나님께 드리면 그날 하루 전체를 받으신 것으로 하나님이 쳐 주시는 거예요. 저녁에 작정기도를 해도 마찬가지예요. 우리의 일부를 작정하고 하나님께 드리면 그것을 전부로 여겨 주시는 거예요. 여러분이 작정예물을 드릴 때 예물의 액수는 여러분과 하나님 사이에 그리고 여러분 스스로 자문해 보고 정해야 해요.

구체적 기도제목

저의 간증이에요. 1999년이었어요. 2년 동안 집중적으로 기도해서 기적적으로 안산으로 이사했죠. 그때 이야기입니다.

광명에서 이사하려면 돈을 빌려야 했어요. 그런데 아무리

해도 1,000만 원 정도밖에 못 빌릴 것 같았어요. 보증금 500만 원 예상하고 나머지 500만 원으로 이전비랑 부수적으로 드는 비용을 충당해야 했기 때문에 가게 권리금이 있는 조건이면 안 되었어요. 그리고 약국을 해 보니

> **"구체적인 기도제목
> – 저의 경험"**
>
> 1. 1,000만 원 빌리기
> 2. 가게 보증금 500만 원,
>   월세 20만 원 선,
>   권리금 없을 것.
> 3. 입지 – 버스정류장 앞

장소가 정말 중요한데 버스정류장 앞이면 참 좋겠다는 생각이 들었어요. 하나님께 기도했죠. "버스정류장 앞에 보증금 500만 원, 권리금 없이 월세 20만 원 남짓… 그런 가게가 있기는 할까요?" 하고 기도하는데 눈물이 났어요.

그런데 기적처럼 그런 가게를 찾았어요. 2층짜리 다가구주택 건물의 1층, 아주 작은 곳에서 약국을 시작하게 됐어요. 가자마자 손님들이 찾아왔어요. 1,000원짜리 파스 하나 사러 오는 손님들조차 너무 반갑고 소중했어요. 그런 안산이 좋았어요. 이사한 지 한 달 만에 태어난 막내를 포함해 일곱 식구가 같은 건물 2층, 방 두 칸 월셋집에 살았어요. 동네 사람들이 저를 보면 "약사님, 그 집에 사세요?" 하며 웃더라고요. 처음엔

부끄러웠지만, 그러거나 말거나 저는 그곳에서 행복했어요.

　어느 날 생각해 보니 하나님이 교회를 개척하라고 분명하게 말씀하시고 안디옥이란 이름도 주셨는데, 그 기한이 점점 다가오고 있었어요. 3년이라고 하셨지만 그 시간이 지난다고 뾰족한 수가 생길 것 같지도 않았어요. 교회를 개척하려면 상가라도 하나 얻어야 할 텐데 그럴 형편도 안 되었어요. 누가 우리한테 기도하라고 지하 창고라도 한 칸 주면 좋겠는데 그런 것도 없고 어떻게 할지 답이 없는 거예요.

　게다가 언제까지 방 두 칸짜리 월세를 살겠어요. 작은 약국으로는 한계가 있었어요. 약국을 하면서 한 달에 400만 원 정도 수익이 날 것 같기는 했지만 그것으로 약국과 집, 그리고 남편과 함께 개척할 예배당 이렇게 세 가지를 장만하는 문제를 놓고 계산해 보니 막막했어요. 누가 1억 원을 준다고 해도 문제가 해결될 것 같지 않았어요.

　그 당시에도 1억 원으로는 집과 교회와 약국 문제를 해결할 수 없었어요. 한 달에 400만 원 벌어도 생활비 쓰고 200만 원 저축하면 1년에 2,400만 원…. 어떻게 할지 고민 끝에 세 가지 문제를 놓고 기도하기로 했어요. 그때 남편 목사님이 다른 전도사님과 협동 목회를 하는 교회를 섬기고 있었어요. 그 교회에 제가 십일조를 제외하고 한 달에 10만 원씩 1년을 헌금키로 작정했어요. 1년 동안 교회와 집과 약국 문제를 가지고 기도하기로 한 거죠.

신앙생활에도 드라마 같은 감동이 있어요

그후 2년 정도 지나서 생각해 보니 정확히 1년 만에 하나님이 다 응답해 주셨다는 것을 깨달았어요. 방 두 칸짜리 월세를 살던 저희 가족이 35평짜리 아파트를 분양받게 된 거예요. 기도 시작하고 2년 만에 이사까지 했어요. 약국은 기도 시작하고 딱 1년 만에 처방전을 많이 받을 수 있게 됐어요. 2000년 7월부터 의약 분업이 시작되었거든요. 덕분에 하나님께서 예비해 놓으신 소아과가 있는 중심가 빌딩 안쪽 자리로 이전할 수 있었고요. 비록 높은 이자로 돈을 빌려 부담은 되었지만, 그 약국에서 나오는 수입으로 아파트를 샀고 그 집이 우리가 입주하고 난 뒤에 1억 원이 올랐어요. 당시 분양가 1억 3,000만 원짜리 집이 입주한 지 한 달 만에 1억 원이 올라서 2억 3,000만 원이 되자 은행에서 대출을 해 준다고 문 앞에 광고지를 붙였더라고요. 그래서 1억 원의 대출금이 있는 상태에서 추가로 3,000만 원을 더 대출했어요. 그 3,000만 원으로 교회에 입당할 수 있었어요.

빚으로 헌금하는 건 아닐까 하는 생각이 들었지만, 하나님
께서 아주 명확하게 말씀하셨어요.

"네 집의 가격이 오른 것으로 대출받은 것은 네 보험 금
액에서 약관 대출을 받는 것과 같다."

요즘에는 약관 대출이라고 하지 않고 계약 대출이라는 부르
는 듯한데 보험료를 납입하면 그 납입한 액수 내에서 일정 금
액을 이자 내고 대출받을 수 있잖아요. 그런 대출과 마찬가지
로 자기 집으로 대출을 받아서 그것으로 하나님께 헌금할 수
있다는 얘기예요.

어쨌든 분양가 1억 3,000만 원짜리 집에 1억 3,000만 원 대
출을 다 받게 된 거죠. 그냥 빚으로 살고 있는 셈이었어요. 당
시 집 담보 대출 이자가 한 달에 70, 80만 원씩 나갔어요. 거의
월세 사는 기분이었죠. 게다가 약국에도 대출금이 있었어요.
2~3일마다 이자 내라는 고지서가 날아왔어요. 동생들한테까
지 카드를 빌려서 소액 대출을 받고 그렇게 돌려막기를 하면
서 이자를 냈어요.

생각해 보면 구차하기도 하지만 이런 가운데서도 하나님께서 보호해 주시고 인도해 주셨던 경험은 그야말로 놀라웠어요. 결국 열심히 일해서 그 대출금 다 갚았죠. 엄청난 부담이었던 집 담보 대출 이자 때문에 하나님께 기도하면서 이렇게 말했어요.

살고 있는 집을 담보로 대출을 받아 헌금하는 것은 보험 적립금액 내에서 대출을 받는 것과 같다. = 헌금해도 된다.

"하나님, 대출 이자가 월세보다 더 많아요. 제가 제대로 못 내서 이 집이 경매로 넘어가지나 않을까 싶어 두렵습니다. 대출 이자 내는 것이 적금 넣는 것처럼 되게 해 주세요. 제가 갚는 이자보다 집값이 더 오르게 해 주세요."

그런데 놀랍게도 그 기도가 응답되었어요.

하나님께서 가난하고 비천한 저를 어떻게 걸음마다 인도해 주셨는지 잘 전하고 싶었는데, 제대로 했는지 모르겠네요. 결론은 구체적인 기도제목, 작정예물, 기간을 정하고 하는 작정기도를 꼭 한번 해 보라는 거예요. 저는 1년이었지만 일주일을 정할 수도 있고 21일이나 한 달을 정할 수도 있겠죠. 여러분 나름대로 그런 작정기도를 통해 스릴 넘치는 감동과 드라마 같은 신앙생활을 경험해 볼 수 있어요. 하나님이 여러분의 인생을 얼마나 자세히 들여다보고 헤아리시는지, 여러분을 얼마나 속속들이 다 알고 계신지 깨달을 수 있습니다.

하나님, 감사합니다. 우리를 눈동자와 같이 지켜 주시는 하나님, 우리의 머리카락까지도 다 헤아리신다고 하셨습니다. 우리의 필요를 우리 자신보다 더 아시는 하나님. 구하라, 찾으라, 두드리라 말씀하신 하나님. 그 약속의 말씀을 가지고 다니엘처럼, 혹은 여호수아와 이스라엘 백성처럼, 혹은 제가 기도했던 방법처럼 주의 많은 자녀가 작정기도를 하려고 합니다. 하나님 아버지, 마음에 좋은 감동을 주시고 기간과 제목과 예물을 얼마로 할지 구체적으로 정하여 능력의 하나님, 구원의 하나님을 경험하게 하옵소서. 놀라운 섭리 속에 우리의 인생을 던져 드립니다. 받은 바 그 은혜로 가정을 세우고, 각자의 인생을 세우고, 섬기는 교회를 세우고, 더 많은 주변 사람들에게 하나님의 영광을 나타내고 싶습니다. 우리를 사용하여 주시옵소서. 이런 과정 속에서 우리의 허물과 죄도 사해 주시고 우리가 날마다 기도와 말씀으로 거듭나고, 정결해지며, 하나님의 기쁨이 되게 하옵소서. 감사합니다. 사랑합니다. 예수님의 이름으로 기도합니다. 아멘.

9강

놀라운 하나님의 음성

작정기도 마지막 날 들려온 뜻밖의 음성

<진약사의 기도학교>
유튜브 9강 바로 시청

앞서 8강에서 했던 작정기도 속편입니다. 한 편으로만 끝내기가 아쉬워 재밌는 예화를 준비했어요. 오래전에 인천에서 살 때 제 남편이 경기도 광명의 어느 교회를 3년 정도 전도사로 섬겼는데, 그곳에서 만난 어떤 집사님의 간증이에요.

담임목사님이 성도들에게 새벽기도를 강조해서 아마도 30일 작정 새벽기도회를 했던 것 같아요. 저는 그때 새벽기도에는 다니지 못했지만, 그 집사님의 간증은 두고두고 마음에 품고 제 것으로 묵상하고 있어요. 하나님에 대해 더 많이 알아가는 계기가 되었던 간증이에요.

집사님은 30대 후반 정도로, 아주 열정적으로 사는 남자 분이었어요. 교회에서 금요철야예배가 끝나면 밤 열두 시가 넘었어요. 저희 집은 인천이고 교회는 광명이니 제가 집으로 돌아올 방법이 없어 금요철야예배를 다닐 수가 없었죠. 그랬는데 그 집사님이 저희 가족을 집까지 태워 주신 덕분에 철야예배를 다닐 수 있었어요. 집사님께 지금도 고마운 마음을 가지고 있어요.

그분이 한때 좀 방탕하게 살았대요. 결혼도 안 한 상태였고요. 그런데 어머니의 기도가 하나님께 상달되었는지 어느 날 집사님이 '하나님을 만나 봐야겠다, 하나님께 30일 작정기도를 해 봐야겠다'는 생각을 하게 되었대요. 그래서 기도제목을 정하고 인천에서 교회가 있는 광명까지 새벽기도를 다니기 시작했어요. 이게 말처럼 쉬운 일은 아니었을 거예요.

새벽기도를 열심히 다니면서 하나님이 응답해 주시리라 생각했는데 작정한 기간이 다 찰 때까지 아무 일도 안 생겼답니다. '역시나 그러면 그렇지, 무슨 응답을 해 주시겠어' 하는 마음에 짜증나고 섭섭하고 화가 났대요. 복잡한 마음으로 마지막 새벽기도를 마치고 나오는데 뒤통수에 대고 하나님이 말씀하셨답니다.

"너는 고작 30일이냐? 나는 너를 30년 넘게 기다렸다."

여러분, 이런 응답은 어떠세요? 하나님과 우리의 관계는 이런 충격이 꽃이에요. 우상은 사람이 자기가 원하는 방식으로 만든 거잖아요. 그래서 우상과 나 사이에는 충돌이 없어요. 아예 반응이 없거나 아니면 내가 원하는 대로 끌고 가는 거죠. 우상의 인격과 내 인격이 부딪히는 일은 없지만, 하나님은 분명히 존재하시는 분이기에 우리와 부딪힘이 있어요. 하나님께서는 자신을 "스스로 있는 자"(출 3:14)라고 하셨고, "나를 사랑하는 자들이 나의 사랑을 입으며 나를 간절히 찾는 자가 나를 만날 것이니라"(잠 8:17)는 말씀도 하셨어요.

작정기도든 금식기도든 우리는 기도제목을 가지고 하나님께 나아가지만 그것보다 훨씬 더 중요한 것은 우리가 하나님과 만나게 된다는 거예요. 비록 내가 원하는 것과 하나님이 내게 주시고자 하는 것이 서로 어긋나고 다르다고 할지라도 그 만남 자체가 응답인 거예요. 하나님은 내가 최선으로 세운 나의 계획보다 더 차원 높은 계획을 갖고 계십니다. 그분의 계획이 가장 좋지요.

우리는 하나님 앞에서 어리고 어리석어요. 자신이 뭘 좋아하는지, 뭘 행복해하는지, 뭘 가장 기쁘게 생각하는지 나를 만드신 하나님보다 나 자신을 몰라요. 우리는 그렇게 좁은 시각

으로 뭔가를 선택하고 결정하지만, 창조주 하나님의 입장에서
는 우리가 잘못된 길로 가는 것이 뻔히 보이거든요. 우리의 나
이가 얼마나 되나요. 그런데도 짧은 세월 살아 온 경험에 비추
어 판단해요. 반면, 하나님은 모든 인생의 최고 전문가세요. 우
리 같은 인생을 얼마나 많이 다루어 보셨겠어요. 그리고 우리
를 사랑하셔서 그 아들을 아낌없이 주신 분이니 우리에 대한
계획이 훨씬 더 완전하시죠.

그 집사님은 자기 인생의 문제를 가지고 작정기도를 했지만
하나님은 이분 자체를 만나고 싶어하셨고 이분에 대한 더 좋
은 계획을 가지고 계셨던 거예요. 그래서 하나님과 집사님의
인격이 작정기도가 끝나는 날 딱 부딪힌 거죠. **우리가 하나님
과 부딪혀서 하나님께 어떤 책망을 듣는다면 그 책망도 응답
이에요. 그 책망으로 거절당한 게 아니고 그때부터 하나님의
은혜가 쏟아지기 시작하는 거예요.**
그 집사님이 저와 제 가족을 금요일마다 교회까지 차로 데
려다 주신 것도 작정기도가 끝난 뒤 삶이 변화된 결과 아니겠
어요? 사는 것이 너무 행복하다고 했어요. 하나님께서 그때 처
음으로 그분의 인생에 들어오신 거죠. 하나님의 그런 특별한
인도하심을 받기 위해 작정기도를 하는 거예요. 우리가 원하

는 방식으로 하나님이 응답해 주시면 좋겠지요. 하지만 그것과 다른 방향으로 충돌이 생긴다고 해도 더 깊은 기도로 나아가는 출발점이라고 생각하면 돼요. 내가 원하는 것이 매번 도깨비 방망이를 두드리는 것처럼 쏟아지는 것이 아니기 때문에 우리의 마음속 깊이 가지고 있는 영적인 갈급함을 해소할 수 있어요. 사실 우리가 원하는 것을 다 얻는다고 해도 마음속에 만족함이 없어요. 응답을 받는 과정에서 하나님과의 만남이 자꾸 깊어지면 우리 속에 생명수의 강물이 흘러넘치게 되는 거예요. 그렇게 생각하면 아주 좋겠어요.

기도자의 오해
— 하나님은 어차피 그분의 뜻을 이루실 것이다?

한번은 어떤 분으로부터 안타까운 말을 들은 적이 있어요. 10년 정도 알고 지낸 사이로 교회에서 같이 신앙생활을 했던 분인데, 특이하게도 그분은 하나님에 대한 고정관념을 버리지 않더라고요. 자기 식으로 하나님을 생각하는 그런 믿음은 좋지 않아요. 왜곡된 생각으로 하나님을 단정짓는 것이니까요. 그런 사람들은 참된 하나님의 모습, 하나님 본연의 모습을 알려고 하기보다 자기가 생각하는 하나님 속에 생각이 갇혀 있어요. 그분 역시 하나님을 이렇게 오해하고 있었어요.

'내가 기도를 하든 하지 않든 하나님은 어차피 당신의 뜻을 이루실 것이다. 만약 내가 한 기도가 그분의 뜻에 합당하지 않다면 기도해 봐야 소용없지 않나? 오히려 그것 때문에 하나님과 더 갈등만 생길 텐데 내가 왜 불편하게 그런 기도를 하는가? 내가 기도하지 않아도 그분은 전능하신 하나님이니 당신의 뜻으로 나를 이끄실 것이다.'

> **"오해"**
> 내가 기도하지 않아도 그분은 전능하신 하나님이시니 당신의 뜻으로 나를 이끄실 것이다.

그렇게 생각하는 사람이 철야기도나 작정기도나 금식기도를 할 리가 있을까요? 그냥 떠밀려 가는 신앙생활을 하는 거예요. 어떻게 보면 너무 순하고 착한데 자기 고집으로 똘똘 뭉쳐 있는 거죠. 성경을 보면 하나님께서 처음부터 끝까지 말씀하시는 것은 이런 내용이에요.

"너는 내게 부르짖으라 내가 네게 응답하겠고 네가 알지 못하는 크고 은밀한 일을 네게 보이리라"(렘 33:3).

그리고 혼신을 다해 하나님 앞에 기도하는 사람들의 이야기들로 성경은 꽉 차 있어요. 아브라함과 이삭과 야곱이, 다윗과 엘리야가 하나님 앞에 기도하고 제단을 쌓은 이야기, 또 신약에 나오는 모든 인물이 줄기차게 하나님께 기도하고 책망받기도 하면서 하나님의 인도하심을 받은 이야기로 꽉 차 있지요. 그런 모든 내용을 덮어 버리고 자기 식대로 그냥 결론을 내린 거예요. '내가 기도하지 않아도 하나님은 선하시고 전능하시기 때문에 당신의 뜻대로 나를 인도하실 것이다. 내 뜻을 하나님의 뜻에 맞추려고 해 봐야 나도 피곤하고 하나님도 피곤하실 거다'라고 생각하는 거죠. 그것은 잘못된 생각이에요.

작정기도를 할 때 하나님께서 어떤 식으로 여러분에게 응답하시든 그 응답을 기대하는 마음으로 구해 보세요. 내가 구하는 것보다 더 넘치도록 응답하시는 하나님을 반드시 만나리라는 간절함으로 그분을 찾아 보세요. 그것이야말로 하나님께서 우리에게 원하시는 모습이에요.

선하신 하나님, 감사합니다. 우리가 주의 이름을 부를 때 응답하신다고 하셨습니다. 내가 여기 있노라 응답하신다고 하셨습니다. 하나님 아버지, 우리가 있는 그곳에서 간절한 심령으로 손을 들고 마른 땅이 비를 사모하듯 주의 이름을 부르겠습니다. 사슴이 시냇물을 찾기에 갈급함같이 우리가 주의 말씀을 듣기에 갈급하오며, 주께서 내 인생에 응답해 주시기를 더욱 사모합니다. 주의 이름을 부를 때 기쁘게 들어주시옵소서. 우리의 삶을 치료하시고 하나님이 기뻐하시는 뜻대로 가장 아름다운 모양으로 우리를 변화시켜 주시옵소서. 우리가 바라는 것보다, 우리가 구하는 것보다 더욱 더 좋은 것 주길 원하시는 주를 확실히 믿습니다. 아침부터 저녁까지 하루 종일 주의 이름을 찬양하며 매 순간 주의 말씀을 되새기며 주께 기도하겠습니다. 하나님, 우리에게 부흥을 주시옵소서. 우리 마음에 말씀의 부흥을 주시옵소서. 이 기도를 읽고 주께 아멘으로 응답하는 사람들마다 축복해 주시옵소서. 그들의 삶을 기쁘게 받으시고 어루만져 주시옵소서. 오늘 하루도 주님께 의탁드립니다. 예수님의 이름으로 기도합니다. 아멘.

10강

하나님의 소원

응답을 기대하는 믿음

<진약사의 기도학교>
유튜브 10강 바로 시청

10강에서 제가 준비한 말씀은 세계적으로 유명한 미국의 브루클린태버내클교회 짐 심발라 목사님의 간증입니다. 15년 전 처음 접한 때부터 지금까지 그 간증 말씀을 떠올리고 생각하면서 목회 현장에 적용해 왔어요. 목회자가 아니라 평신도가 들어도 너무 좋은 말씀이고 기도에 대한 내용이라 여러분과 공유하고자 합니다.

유튜브에서 브루클린태버내클교회 성가대의 영감 있는 찬양을 보면 참 열정적이에요. 그 성가대를 이끄는 지휘자가 심발라 목사님의 사모인 캐럴 심발라인데 하나님을 찬양하는 그들의 순전한 마음과 열정이 그대로 전달되더라고요.

지금은 달라졌겠지만, 과거에 브루클린은 뉴욕의 뒷골목이었어요. 심발라 목사님은 본래 목사가 아니었어요. 당시 유명 부흥강사였던 장인 허친스 목사로부터 목회자 결원이 생긴 어느 독립 교회를 맡아 달라는 부탁을 받고 평신도 신분으로 교회를 시작했다고 해요. 처음에 교회가 있는 동네에 가 보니 매춘부, 마약과 알코올 중독자, 중증 환자들 등 최빈곤층이 사는 그런 곳이었어요. 교회엔 성도들도 별로 없는 데다 예배당 건물도 너무 낡아서 비가 새고, 한번은 예배 중에 의자가 낡아서 부서지는 바람에 거기에 앉아 있던 성도가 넘어지는 웃지 못할 일도 벌어졌대요.

심발라 목사님은 목회자 공부를 하면서 아내와 함께 사역에 온 힘을 쏟았어요. 그런데도 도저히 교회 유지가 안 되고 생활도 꾸려 갈 수 없었어요. 목사님은 과거 농구선수였던 경력을 살려 농구코치로 아르바이트를 했지만 청구서는 자꾸 쌓여 가고 앞이 보이지 않았어요.

걱정과 불안의 연속이던 어느 날, 목사님은 기침이 심해지면서 체력도 약해져 쉬기로 했어요. 아내인 사모님에게 피아노와 오르간 봉사를 하면서 찬양 중심으로 예배를 인도해 달라며 교회를 다 맡겨 놓고 열흘 정도 요양을 떠났어요. 유람선을 타고 쉴 수 있는 여행 프로그램을 신청해서 배에 탔지만, 마음의 짐이 너무 무거운 나머지 한쪽에서 즐겁게 웃고 떠드는 사람들 틈에 낄 수가 없었어요. 아직 정식 목사가 되기 전이고 언제든지 교회를 접으면 그만이지만 그렇게는 하고 싶지 않았어요. 책임감이 무척 강한 분이었던 것 같아요.

심발라 목사님이 배 위 갑판에서 출렁이는 물결을 바라볼 때였어요. 두고 온 교회를 생각하다가 혼잣말로 "만약 내게 복음의 능력이 있다면…" 하면서 왈칵 눈물이 쏟아졌어요. 마치 자신에게 복음의 능력이 없는 것처럼 느껴진 거예요. 온몸과 마음을 다 쏟아서 탈진할 지경에 이르렀는데도 답이 없으니 그런 생각까지 들었던 거예요. 그 순간에 하나님의 음성이 목사님의 귀에 들렸어요.

"네가 만약 내 백성을 인도하여 저희로 기도하게 하고 내 이름을 부르게 한다면…"

여기까지가 목사님이 해야 하는 일이죠.

"네가 그렇게 한다면 너는 항상 신선한 설교를 하게 될 것이다. 내가 네 교회와 가정의 모든 필요를 채워 줄 것이고, 너희 교회가 감당할 수 없을 만큼 많은 성도를 보내 줄 것이다."

하나님께서 심발라 목사님에게 원하시는 것은 하나님의 백성을 인도해서 기도하며 예수 그리스도의 이름을 부르게 하라는 거였어요. 그것만 하면 목사님이 고민하던 모든 필요를 채워 주시고 그 교회에 감당하기 어려울 만큼 사람들이 끊임없이 몰려오게 해 주신다는 말씀이었죠.

저는 그 말씀에 큰 감동을 받았어요. 저희 부부도 목회를 하고 있었으니까요. 교회를 개척하기 위해 애쓰는 목회자로서 심발라 목사님처럼 고민하지 않는 사람이 어디 있겠어요? 저희 역시 이렇게도 해 보고 저렇게도 해 보는 중에 성도들을 이끌고 기도하는 것만은 지금까지도 열심히 하고 있어요.

심발라 목사님은 하나님의 음성을 듣고 매주 목요일에 기도 모임을 만들어서 열정적으로 기도를 시작했어요. 거기에 하나님이 기름 부어 주셔서 그 뒤로 교회가 크게 부흥했지요.

하나님의 소원

제가 여러분에게 드리고 싶은 말은 하나님이 진정으로 우리에게 원하시는 것을 하자는 거예요. 목회자에게 원하시는 것은 자기 백성을 인도해서 기도하게 하는 것이고, 평신도에게 원하시는 것은 기도하며 예수 그리스도의 이름을 부르는 거예요. 하나님이 원하시는 것은 우리가 그분 앞에 나아와서 전심으로 기도하고 그분의 이름을 부르는 거예요. 하나님의 이름만 부르면 우리의 모든 필요를 다 채워 주겠다고 하세요. 우리에게 필요한 지혜도 주고 높은 자리에 세워 주고 우리가 상상할 수 없는 큰 은혜와 축복을 모두 주시겠다는 겁니다.

하나님은 우리와 대화하고 싶어 하세요. 그 대화가 바로 아무리 강조해도 지나치지 않은 기도, 기도, 기도예요.

에덴동산에서 아담과 하와가 타락하고 쫓겨난 이후로 우리가 하나님을 만날 수 있는 방법이 제한되어 버렸어요. 인간의 죄가 점점 더 깊어지면서 이제는 예배를 드려도 하나님의 음성을 듣지 못해요. 가인은 자기의 예물과 제사가 열납되었는지 아닌지 하나님의 음성을 통해 알았지만, 오늘날 우리는 내가 하나님께 예배를 드리고 헌물을 드려도 이것이 하나님께 열납되었는지 알 방법이 없어요. 대부분의 사람이 잘 모르는 채로 자기가 드리는 기도와 예배를 그냥 받으셨겠거니 생각해요. 이것이 점점 타성에 젖으면 소홀하게 예배를 드리게 되지요. 예배 시간에 습관적으로 졸다가 개인적인 일이 생기면 예배부터 빠져요. 그리고 예물을 드리는 것도 경제적으로 좀 힘들어지면 '지금까지 헌금했는데도 하나님이 축복을 안 주시니 이제는 헌금도 못 하겠네. 그럴 돈이 있어야 하지' 하면서 그냥 중단하고 말아요.

만약 정말 그런 상황에 처했다면 하나님께 작정기도를 하면서 '하나님 왜 저는 십일조도 드리고 예물도 드렸는데 제 삶에 이런 어려움이 찾아왔을까요?' 하고 한두 달이라도 부딪혀 봐야 하지 않겠어요? 하나님은 그것을 원하세요. 하나님의 사람들은 모든 것을 하나님 앞에 고하고 답을 얻어야 해요. 하나님께서는 우리가 두드리면서 기도할 때 뭐라고 답하실지 다 정해 놓고 기다리시는데 오히려 사람들이 조용히 떠나는 거죠. 하나님의 답을 기대하지 않고 자기 나름대로 해석하고 자기 선에서 적당히 신앙생활하거나, 그것도 미지근해서 싫다며 결국 떠나게 되는 거죠.

그렇지만 하나님은 이러한 시기에도 진실로 당신의 이름을 부르는 자, 온 마음을 다해 예배하는 자, 전심으로 하나님께 매달리고 응답을 구하는 사람들을 찾고 계세요. 그런 기도를 하려면 먼저 말씀에 터를 잡아야 해요. 말씀을 전혀 모르는 상태에서 맨날 똑같이 자기 구할 것만 하나님께 부르짖으면 배가 산으로 가는 것처럼 주파수가 엉뚱한 쪽으로 맞춰져요. 하나님은 성령이시기 때문에 하나님이 어떤 분인지 알고 그 말씀의 지식에 토대를 두고 기도를 해야 라디오의 주파수처럼 하나님과 제대로 연결이 되는 거예요.

심발라 목사님의 간증에 비추어서 제가 열심히 기도하고 성도들에게도 기도하라고 권면하는데, 안타깝게도 정작 따라오는 사람은 얼마 안 돼요. 유튜브 '진약사톡'을 진행한 지 1년 정도 되었을 때 '성경톡'도 시작했는데, 성경톡은 진약사톡보다 반응이 더디고 구독자도 적어요. 그래도 저는 교회에서 아주 적은 수의 성도들을 상대로 사경회를 인도한 경험도 있어서 낙담하지는 않아요. 그때 두세 명 앉혀 놓고도 열정적으로 성경을 가르치곤 했거든요. 그런 경험이 있던 터라 하나님의 말씀을 듣고자 하는 사람은 원래 소수라고 생각하고 한결같이 성경톡을 진행하고 있어요.

최근 들어 '기도학교'에 대한 사람들의 반응이 폭발적이어서 얼마나 감사한지 몰라요. 기도에 동참하고 기도를 더 새롭게 시작하려는 여러분의 움직임이 느껴져서 더 기쁘고 감사해요. 하나님께서 여러분 한 분 한 분을 얼마나 기뻐하실까 생각하면 제가 더 흥분되고 기뻐요.

하나님께서 심발라 목사님에게 말씀하신 그대로 '내 백성으로 기도하게 하고 내 이름을 부르게 하는 것' 그것이 바로 하나님의 소원 아니겠어요? 응답이 없는 것 같아도 절대 낙심하지 마세요. 하나님은 여러분이 더 뜨겁게 기도하기를, 더 하나님을 찾기를 기다리세요. '찾으라, 두드리라, 구하라'라는 말씀을 계속해서 실천해 보세요. 하나님 앞에 기도하고 끝까지 응답받지 못한 사람은 아무도 없어요. 조금 더 힘을 내서 해 보세요. 그러면 하나님의 깊은 음성을 들을 수 있고, 말할 수 없는 성령의 기름 부으심을 경험할 수 있어요.

하나님, 감사합니다. 참으로 감사합니다. 하나님이 살아 계셔서 감사합니다. 우리에게 무슨 일이 있어도, 우리가 어떤 어려움에 처해도 항상 하나님께 기도하고 간구하겠다는 강한 의지와, 그러면 하나님께서 반드시 응답하시리라는 확신을 가지면 두렵지 않습니다. 기운이 납니다. 낙심치 않고 내 마음을 가다듬고 다시금 새 힘을 내게 됩니다. 하나님, 당신의 수많은 자녀가 동일한 마음으로 기도하고 있습니다. 당신 자녀들의 삶 속에 개입하시고 성령의 기름을 부어 주시옵소서. 주의 이름을 부르는 자마다 주께서 응답하시고, 아버지를 부르며 기도할 때마다 그 삶에 크게 역사하셔서 기적 같은 주님의 은총을 더하여 주시옵소서. 하나님 아버지, 우리의 모든 필요를 다 채우시는 하나님께 감사합니다. 내가 기도하는 것보다 넘치도록 응답하시는 하나님께 감사합니다. 오직 우리의 죄와 허물을 사하여 주시옵소서. 우리가 범죄함으로 하나님의 음성을 잘 듣지 못하고, 우리가 알지 못하는 허물과 죄악으로 인하여 성령이 멀리 떠나셨다는 것을 성경을 통해 알게 되었습니다. 우리 눈을 아무리 비벼도 내 죄를 잘 알지 못하고, 혹시 안다고 해도 그 죄를 씻을 수도 없습니다. 오직 하나님의 일방적인 은혜를 구합니다. 하나님, 예수 그리스도의 보혈로 우리 죄를 다 씻어 주시고 정결하게

하시옵소서. 아침 저녁으로 하나님 말씀 들을 수 있도록 귀를 열어 주시옵소서. 놀라운 은혜의 말씀, 성령의 계시의 말씀을 사모합니다. 말씀으로 우리를 치료하시고 복락의 강수를 마시게 하여 주시옵소서. 예수님의 이름으로 기도합니다. 아멘.

3부

은사 체험 기도

방언기도,
왜 해야 하나요

하나님이 주신 명쾌한 답변

<진약사의 기도학교>
유튜브 11강 바로 시청

11강에서 준비한 주제는 방언기도입니다. 방언기도에 대해서는 대부분 알고 있으리라고 생각합니다. 이미 아주 깊은 방언기도를 하고 있는 분들도 있을 것이고, 방언의 은사에 대해 들어 알고는 있지만 '반드시 해야 하나?' 하고 생각하는 분들도 있겠지요. 또 방언의 은사를 받았지만 활용하지 않고 묵혀두는 분도 많을 거예요.

구약 성경에는 방언의 은사에 대한 언급이 없습니다. 이것은 신약 시대 오순절 마가의 다락방에 성령이 임하면서 하나님께서 이방인을 구원하기 위한 새 언약의 선물로 우리에게 주신 거예요. 사도 바울은 고린도전서 12장, 14장 그리고 로마서 12장에서 성령의 은사에 대해 상세하게 기록해 두었어요.

사도 바울이 이런 은사에 대해 설명해 놓은 것이 없었다면 우리는 어떻게 되었을까요? 생각할수록 바울의 위대함에 감탄하게 돼요.

오순절 마가의 다락방 성령 강림 사건 이후로 초대 예루살렘 교회가 세워지고 각 지역에 하나님의 교회들이 생겼어요. 당시 복음의 전초기지가 되었던 곳이 안디옥교회였어요. 사도 바울이 안디옥교회를 세우는 것을 기점으로 4차 선교여행까지 떠나게 되죠. 곳곳에 많은 교회를 세우고 성도를 새롭게 하는 역사가 일어났어요. 그 과정에서 사도 바울은 이전에는 없었던 성령의 은사에 대해 하나님께 체계적으로 계시를 받았던 것으로 보여요. 사도 바울은 그 내용을 각 교회에게 가르쳐 줬어요. 특히 고린도전서나 로마서에는 각양 은사에 대한 설명이 나오는데 그것을 읽어 보면 사도 바울이 하나님과 깊은 교제를 나누었던 것을 확인할 수 있어요.

오순절 마가의 다락방에서 기도했던 열두 사도와 성도들에게 성령을 받은 표식으로 나타났던 것이 방언이었는데, 그 시기의 방언은 남다른 의미가 있었어요. 오순절 마가의 다락방에서 성령이 임했을 때 사람들은 각 지역의 외국어로 방언을 했어요. 그날 사람들의 입에서 방언이 터져 나온 것은 방언이 필요한 상황이었기 때문이에요.

　오순절에는 각 지역에서 서로 다른 언어를 쓰는 사람들이 명절을 지키기 위해 예루살렘으로 모여들어요. 하나님께서는 그렇게 모인 사람들에게 예수 그리스도에 대한 비밀을 말씀하시려는 목적이 있으셨던 거지요. 각 지역에서 온 사람들은 예수 그리스도의 제자들이 들은 적도, 배운 적도 없는 자기 지역의 방언(외국어)으로 하나님 나라의 비밀을 말하자, 하나님의 놀라운 역사를 눈으로 확인하며 그 방언을 영광의 표적으로 삼았어요.

　요즘 방언기도 하면 외국어가 아니라 그저 알아들을 수 없는 소리로 하는 기도라고 알고 있죠. 방언기도를 세련되고 교양 있게 하는 사람은 드물어요. 대부분 사람들이 별로 좋아하지 않을 만큼 큰 소리로 방언기도를 해요. 모르는 사람이 보면 무식해 보이기까지 합니다. 그런 이유로 어떤 목사님은 교회에서 방언하지 말라고 명령을 내려서 방언기도를 하고 싶어도 못하는 교회도 많아요. 왜 교회에서 방언을 못하게 할까요? 거기에는 약간의 오해가 있어요.

　고린도전서 14장에서 사도 바울이 "만일 통역하는 자가 없으면 교회에서는 잠잠하고 자기와 하나님께 말할 것이요"(고전

14:28)라고 한 부분을 보면 통역하는 자가 없으면 교회에서 방언으로 말하지 말라고 하고 있어요. 이 부분을 이해하려면 이야기의 배경을 분명히 알아 둘 필요가 있어요. 당시에는 사람들이 은사에 대한 이해가 부족해서 방언기도를 대표기도처럼 했어요. 사람들이 모여서 기도하는데 자기 차례가 되어 기도할 때 방언으로 기도했던 거예요. 그러면 다른 사람들이 그 사람의 기도를 듣고 '아멘'으로 화답할 수 없죠. 극단적인 예로 목사님이 대중설교 도중에 그냥 방언으로 말하면 어떻게 되겠어요? 모든 성도가 당황하지 않겠어요?

그런 의미에서 사도 바울도 방언은 사람에게 말하라고 주신 것이 아니라 하나님께 말하라고 주신 은사라고 했어요. 그리고 예언하는 사람은 여러 사람에게 감춰져 있는 것을 드러내어 경각심을 주고 회개하도록 하기 때문에 교회에 덕을 세우지만, 방언을 말하는 사람은 아무도 알아들을 수 없는 말을 하기 때문에 교회에 덕을 세울 수 없다고 했어요. 그것이 하나님과 얘기할 때만 방언을 쓰라는 해석이 나오는 이유예요. 이런 내용을 목사님들이 오해해서 어떤 교회에서는 목회 방침에 새벽기도, 철야기도를 하거나 부흥회 때 단체로 기도할 때도 방언기도를 못 하게 못박아 두기도 해요.

하지만 교회에서 단체로 기도할 때는 합심기도라고 해도 여러 사람이 한꺼번에 각자의 말로 개인 기도를 하는 것이기 때문에 그런 상황에서 방언기도를 하는 것은 괜찮아요. 사도 바울은 "내가 너희 모든 사람보다 방언을 더 말하므로 하나님께 감사하노라"(고전 14:18)라고 말했어요. 또 "나는 너희가 다 방언 말하기를 원"(고전 14:5)한다고도 했어요. 그 중에 특히 "내 형제들아 예언하기를 사모하며 방언 말하기를 금하지 말라"(고전 14:39)라는 말씀을 보면 그가 방언의 유익함을 얼마나 인정하는지 알 수 있어요.

방언은 다양한 영적 은사를 불러와요

방언을 해야 하는 이유는 나와 하나님 사이의 비밀을 말하기 위해서예요. 그렇게 방언기도를 하고 나면 속이 뻥 뚫린 것처럼 시원해져요. 말로 기도할 때도 간절하게 통곡하면서 기도한 다음에는 속이 후련해지면서 하나님께서 주시는 평안을 누리게 되는데, 방언기도는 그것보다 열 배 이상 더 비밀스러운 능력이 있어요. 마음속으로는 하나님 앞에 간절하게 소원을 토하면서 입으로는 방언을 말하는 방법으로 기도해 보세요. 그러면 방언을 하지 않고 마음속으로 기도하거나 소리 내어 기도하는 것과는 차원이 다른 영적인 능력을 체험할 수 있어요.

저는 대학교 2학년 때 처음 방언기도를 시작했어요. 새벽기도 시간에 말로 기도하거나 마음속으로 기도하면 모습도 아름다울 텐데 방언기도만 하면 기도 소리가 점점 커져서 주체가 되지 않았어요. 소리가 폭발하는 거예요. 그리고 방언기도를 시작하면 허리에서부터 등과 목까지 뱀 같은 것이 나를 칭칭 감는 느낌이었어요. 목이 조이고 소리가 나오지 않아서 씨름하듯이 방언기도를 하게 되는 거였어요. 그냥 말로 기도하면 그런 느낌이 전혀 없는데 방언기도만 하면 그랬어요.

당시 저의 영적 상황이 그런 방언기도가 필요했었나 봅니다. 방언기도를 강하게 한 날, 아니 일부러 강하게 하려고 해서 한 것이 아니지만, 그런 날은 저도 목이 쉬고 온몸이 아팠어요. 그럼에도 한 시간 내내 그런 상태로 방언기도를 했는데, 그런 기도가 수년 동안 이어졌어요. 다 얘기할 수는 없지만, 저희 집안이 말로 표현할 수 없을 정도로 참혹한 영적 어둠 가운데 있었어요. 그런 이유로 방언기도만 하면 그런 현상이 나타났던 거예요. 방언기도가 없었으면 제가 여기까지 오지 못했겠지요. 계속 방언으로 기도하면서 하늘 문이 열렸던 것 같아요.

큰 소리로 방언기도를 하는 바람에 주변에서 눈총을 받은 적도 많아요. 여의도순복음교회 새벽기도에서 방언기도를 할 때는 아무도 저를 신경 쓰지 않았어요. 그곳에는 큰 소리로 기도하는 사람, 방언기도를 하는 사람이 많아서 제가 다른 사람 의식하지 않고 마음 놓고 기도할 수 있었어요. 그후 제가 결혼하고 인천으로 거주지를 옮기면서 동네 작은 교회들을 몇 군데 다녔는데, 어떤 교회에서도 저의 기도를 용납해 주지 않았어요. 교회에서 방언기도를 하지 않으니 소리 내어 기도하는 저는 기피 대상이 되었어요. 목사님이 다가와 다른 데 가서 기도하라고 조심스럽게 말씀하기도 했어요. 안산으로 이사했을 때도 마찬가지였어요.

어느 날 제가 속상해서 하나님께 물었어요.

"하나님, 왜 방언기도를 해야 하나요? 저도 세련되게 기도하고 싶어요. 제가 방언기도 하는 모습은 예쁘지도 않고 때로는 천박한 것 같아요. 하나님, 왜 제가 아직도 이렇게 요란한 기도를 해야 하나요?"

그러자 하나님께서 놀라운 답변을 주셨어요. 제가 하나님께 질문한 그 주간 저녁에 TV에서 양궁 선수들이 조깅하며 체력을 단련하는 장면이 나왔어요. 그 순간에 하나님께서 저에게 말씀해 주셨어요. 하나님은 기도 시간 외에 평상시 제가 생활할 때 번개처럼 응답 말씀을 주실 때가 있는데, 그날이 바로 그랬어요.

"양궁 선수와 달리기가 무슨 관련이 있다고 생각하느냐?"

전 양궁 선수는 열심히 활만 쏘면 된다고 생각했거든요. 그런데 훈련 모습을 보니 양궁 선수들에게도 체력 단련의 기초가 달리기더라고요. 하나님께서 이렇게 말씀하시는 거예요.

"모든 운동의 기본은 달리기다. 마찬가지로 영적인 모든 은사의 기본은 방언이다."

방언을 해야 영적인 은사가 계발된다는 말씀이었어요. 우리가 영적으로 죽어 있으면 예언이 임할 수가 없어요. 하나님의 영과 내 영이 소통하면서 계속 비밀을 말하고 마귀를 대적하는 과정에서 우리의 영적인 체력이 선수 급으로 성장하게 된다는 얘기예요. 그래야 교회를 세우고, 주변 사람을 세우고, 자기 자신의 어려움을 돌파해 나갈 수 있는 다양한 영적인 은사가 계발돼요. 그 은사를 활용해서 마귀를 물리치고, 가정을 세우고, 하나님의 백성을 세우고, 교회를 도울 수 있다는 거죠.
그런 의미에서 방언은 모든 사람에게 필요해요.

우리를 사랑하시는 하나님 아버지, 우리는 알지 못하지만 주는 우리를 너무나 잘 아시고 우리에게 필요한 것, 특별히 영적인 방언의 은사를 예비하시고 채워 주셨습니다. 하나님, 우리는 하나님이 주신 여러 은사를 사모하지만, 방언의 은사가 이렇게까지 절실하게 필요한지 잘 알지 못했고 사용하지도 못했습니다. 하나님, 저 자신도 방언의 은사를 사용하는 것을 싫어한 적이 있었고, 지금도 방언에 대해 잊어버릴 때도 많습니다. 성령님 오셔서 모든 성도에게 하나님께서 주신 각종 은사를 더 잘 활용해서 능력 있는 그리스도인으로 세상의 빛을 나타낼 수 있도록 도와주시옵소서. 사람들에게 이상하게 보일지라도 하나님께서 원하시는 일들, 특히 방언을 말하는 은사를 잘 활용하게 하옵소서. 우리 모든 성도를 일깨워 주시고 어떤 편견도 없이 하나님과의 깊은 영적인 대화에 들어갈 수 있도록 인도하여 주시옵소서. 오늘도 하나님 아버지에게 나아온 당신의 자녀들을 기쁘게 받아 주시옵소서. 마음속 깊은 탄식 다 기억하시고 풀어 주시옵소서. 상처를 어루만져 주시고 책임져 주시옵소서. 모든 무거운 짐을 벗겨 주시고 독수리 날개 치며 올라가듯 새 힘 얻어서 하나님을 찬양하게 하옵소서. 하나님, 도와주시옵소서. 예수님의 이름으로 기도합니다. 아멘.

12강

방언기도 통역 사례

방언, 그 뜻은 …
고통의 절규 같던 어떤 집사님의

<진약사의 기도학교>
유튜브 12강 바로 시청

기도는 영의 언어

방언기도 두 번째 시간입니다. 방언기도를 주제로 말씀드리는 것은 조금 부담이 있어요. 방언은 은사의 일종이기 때문에 성령의 은사에 대해서는 사람들의 생각이 저마다 차이가 있거든요. 방언의 은사를 사용하지 못하게 하는 교회도 있고, 하나님이 지금도 우리에게 인격적으로 음성을 들려주시는지에 대해서도 닫혀 있는 분들이 있어요. 누군가 하나님의 음성을 들었다고 하면 색안경을 끼고 보는 상당히 굳어 있는 신앙을 가진 사람들도 있고요.

저는 그런 생각을 가진 사람들과 다툼을 일으키고 싶은 생각은 전혀 없어요. 그래서 방언기도에 대해 말씀드리는 것을 보류해 왔어요. 하지만 기도학교를 하면서 방언기도에 대해 얘기하지 않을 수 없었어요. 하나님은 영이시기에 하나님과의 대화인 기도 자체가 영적인 것이에요. 그리고 분명히 이 세상에는 보이지 않는 세계가 있거든요.

어머니의 배 속에서 아이가 어떻게 자라나는지 초음파로 볼 수 있지요. 요즘에는 과학이 발달해서 예전보다 훨씬 선명한 영상을 볼 수 있어요. 하지만 그냥 찍힌 것을 볼 뿐이지 어떻게 자라나는지 그 깊은 비밀은 아무도 알 수 없어요. 마찬가지로 감기 바이러스에 노출되어도 왜 어떤 사람은 감기에 걸리고 어떤 사람은 걸리지 않는지에 대해 기껏해야 면역력이 좋거나 나빠서라고밖에 설명하지 못해요. 면역력도 한마디로 설명할 수 없는 거지요.

영이란 보이지 않는 세계예요. 하나님이 온 세상을 만드셨고, 창조주 하나님을 믿는 우리에게는 그런 하나님과 조금이라도 더 대화하고 싶은 간절함이 있어요. 영적인 분위기의 초대 교회처럼 우리도 영적인 감각을 가지고 하나님과 깊이 대화하길 원해요.

성경에도 기록되었듯이 예수 그리스도는 어제나 오늘이나 영원토록 동일하시고 천지를 지으신 성령의 능력은 지금도 역사하세요. 하나님은 우리를 만들어 놓고 방관하시는 분이 아니라 지금도 우리에게 말씀하시고 역사하시는 분이에요. 우리의 지극히 작은 신음 소리에도 응답하시는 그 놀라운 하나님의 음성을 조금 더 잘 듣는 방법은 기도하는 거예요. 기도를 통해서 그분의 언어를 배우고 그분의 뜻을 알고 계시의 의미를 깨닫는 것입니다.

방언기도를 할 때 쉽게 빠지는 함정

남편이 담임목사로 섬기는 저희 교회에서도 한때 교회에서 제발 방언을 하지 말라고 얘기한 적이 있어요. 요즘에도 제가 그때 얘기를 하면 남편 목사님이 고개를 흔들어요. 그 말씀을 후회하는 게 아니라 저희 교회에 이상하게 기도하는 몇몇 분들 때문에 저와 목사님이 아주 고민이 많았거든요.

방언의 은사를 받아 방언기도를 할 때 쉽게 빠지는 함정이 있어요. 방언을 어떻게 해야 하는지 잘 모르다 보니 잘못된 방법으로 방언의 은사를 사용하는 거예요. 그것이 다른 사람의 눈살을 찌푸리게 만들고, '별것 아닌 방언, 하고 싶지도 않다'는 분위기를 조장해요.

방언은 세련되고 조리 있는 말로 나오지 않아요. 방언기도를 하면 대부분 똑같은 소리를 반복해서 얘기하는 것처럼 들려요. 이런 식으로 한 시간씩 기도하다 보면 정신이 다른 곳에 가 있기도 해요. 그래서 쉽게 함정에 빠지게 되는 거예요. 그저 입으로 공허한 음을 반복한다거나 무의식적으로 똑같은 소리를 반복해서 내는 거죠. 옆에서 그런 사람의 방언을 들으면 그 사람의 마음이 느껴져요. 목사님과 제가 성도들이 방언하는 것을 일부러 들으려고 해서 듣는 게 아니고 그냥 들리거든요. 똑같은 소리로 기도하지만 마음을 담아서 진심으로 하는 방언기도, 기도하는 사람의 영과 하나님의 영이 얘기하고 있는 게 느껴지는 방언기도가 있는가 하면 아무 뜻 없는 소리로 시끄럽기만 한 방언기도가 있어요.

제가 판단하는 것 같아서 조심스럽지만 우리가 분별은 해야 해요. 방언기도를 한 시간, 두 시간 끝도 없이 하다가 기도를 끝냈는데 그 사람의 얼굴 표정이 더 어둡고 화가 나 있고 안 좋아 보인다면 어떨까요? 예배를 드리러 나올 때 가정에 염려와 근심이 있는 사람은 아무리 좋은 옷을 입었어도 얼굴 표정이 어두워요. 하지만 예배가 끝나고 집에 갈 때 보면 얼굴색이 밝아져 있어요. 그것과 비슷하다고 보면 돼요. 기도를 시작할 때는 세상의 고통스러운 짐을 짊어지고 와서 하나님 앞에서 몸부림치며 간구하지만, 그렇게 30분이든 한 시간이든 기도 한 후 끝내고 나갈 때는 얼굴색이 달라져 있는 게 맞지요. 아무리 눈물을 흘리며 기도했어도 그 마무리는 기쁨의 찬양이에요. 하나님의 만져 주심이 있기 때문이지요. 그런데 아무 뜻 없이 기계처럼 입으로만 똑같은 음절을 반복하면서 머릿속으로는 자기가 하고 싶은 생각이나 무의식 속을 헤매는 사람은 기도가 끝나고 나서 얼굴색이 좋지 않아요. 그것에 대해서는 사도 바울이 고린도전서 14장에 설명해 놓았어요.

"내가 만일 방언으로 기도하면 나의 영이 기도하거니와 나의 마음은 열매를 맺지 못하리라"(고전 14:14).

내가 영으로 기도하면 우리 마음은 전혀 그 기도의 혜택을 받지 못한다는 의미예요. 또 내가 영으로 하는 기도는 다른 사람도 알아듣지 못하지만 나도 알아듣지 못해요. 이런 기도를 계속하면 어느 순간에 내 영과 마음이 분리되어서 내 마음은 딴 생각을 하게 된다는 얘기예요. 이상한 것은 우리 영과 마음은 분명히 다르지만 이 둘이 완전히 결별해서 내 마음이 다른 생각을 하게 되면 나의 영이 하나님과의 접점으로 나아가지 못하고 퇴보한다는 점이에요. 그래서 그때 하는 방언은 방언이 아니라 그냥 소리가 되는 것이죠. 그래서 사도 바울이 다음 절에서 이렇게 말하죠

"그러면 어떻게 할까 내가 영으로 기도하고 또 마음으로 기도하며 내가 영으로 찬송하고 또 마음으로 찬송하리라"(고전 14:15).

제가 그런 집사님들을 바라보며 저분들에게 무슨 말을 해 줘야 할까, 뭐가 잘못된 걸까 고민이 컸어요. 하나님께서 사도 바울을 통해 해 주신 대답은 이런 것이었어요. 방언으로 기도할 때 우리의 마음도 하나님 앞에 집중해서 기도해야 한다는 것. 내가 하나님에 대한 것을 잊어버리고 마음에 다른 생각이 들어와서 생각하는 것을 그대로 흘러가게 내버려 두면 영의 기도가 더 이상 기도가 아니라는 얘기예요. 그래서 사도 바울은 동시 기도를 하라고 말해요. 즉 입으로는 방언기도를 하면서 동시에 마음으로도 하나님께 집중적으로 기도드리는 거예요. 기도하며 머릿속에 떠오르는 것을 하나님께 간절히 방언으로 구하는 거지요. 이렇게 기도하면 신기한 일이 생겨요. 영의 접촉으로 인해 내가 생각지도 못했던 것들이 생각나서 기도하게 돼요. 그것이 바로 방언을 통역하는 순간인 것이죠.

이렇게 되어야 방언기도를 한 시간, 두 시간 하고 끝냈을 때 내 마음에 하나님의 은혜가 부어져 무거운 짐이 벗겨지고 내가 새롭게 세워지는 변화를 느끼게 돼요. 달라짐을 느끼면 '하나님이 나를 만져 주셨구나' 고백할 수 있어요. 그렇지 않으면 그냥 입으로만 방언을 하게 되는 함정에 빠질 수 있다는 것을 명심해야 해요.

그렇기 때문에 기도 시간 내내 딴 생각하지 않고, 하나님께 집중해서 내 문제를 아뢰고, 하나님의 말씀을 생각하고 찬양하는 것이 힘든 거예요. 순간순간 나도 모르는 사이에 생각이 다른 곳으로 흘러가거든요. 그럴 때 얼른 생각을 끌어다 하나님께 집중하는 훈련을 무한 반복해야 해요. 저는 가끔 방언기도 중에 이전에 생각지 못한 것을 깨닫는 식으로 방언통역을 할 때가 있어요. 하지만 다른 사람의 방언을 듣고 통역한 적은 없어요. 제 남편 목사님은 몇 번 있었지요.

영으로 하나님께 드린 첫 마디

20년 전에 저희 교회의 어느 성도 중에 정말 방언을 사모한 분이 있었어요. 방언의 은사를 사모하며 열심히 기도하다가 드디어 방언을 받았어요. 방언을 받고 나자 새벽기도나 다른 기도 시간에도 꾸준히 방언기도를 했어요. 그후 우연히 그분의 방언을 듣게 되었어요. 저는 목사님처럼 분명하게 통역한 건 아니었지만, 듣는 내내 무척 마음이 아팠어요. 그리고 끔찍

했어요. 뭐라 말할 수 없이 온몸에 전기가 통하듯 소름이 돋았어요. 그 방언이 잘못되었기 때문이 아니라 오히려 정말 제대로 된 방언이었기 때문이에요.

그분의 영이 하나님께 기도하고 있는 걸 가만히 들으면 피비린내 나는 참상을 보는 것 같았어요. 전쟁영화에서 주인공이나 중요 인물이 죽어갈 때 감정이입이 되어 참혹한 기분이 들듯 제가 그런 느낌을 받았던 것 같아요. 그분의 처절한 기도 소리를 듣다 보면 제 기도를 할 수가 없는 거예요.

그날 남편 목사님이 그분의 방언을 통역하셨어요. 저는 느낌으로 전해 받은 것을 목사님은 해석된 언어로 받았던 거예요.

"하나님, 저를 치료해 주세요!!"

목사님이 말한 것과 제 느낌이 딱 맞아떨어진 거예요. 그것은 영적으로 피투성이가 된 사람의 절규였어요.

덕분에 저는 그분의 방언이 진짜라는 것을 알게 됐어요. 그분이 평소에 하나님께 말이나 찬송으로 기도를 했겠지만 자신의 영이 얼마나 깊은 탄식과 고통과 참상 가운데 있는지는 몰랐던 거예요. 저도 그분이 그렇게까지 아픈 사람인지 몰랐어요. 그분의 영이 깨어나서 하나님 앞에 드린 첫마디가 "하나님 저를 치료해 주세요"였어요. 여러분의 영은 하나님 앞에 무슨 기도를 드릴 것 같은가요?

어떤 분이 댓글에 방언기도는 큰 의미는 없고 히브리어나 헬라어(고대 그리스어)라고 말씀하기도 했는데, 저는 이런 말씀을 드리고 싶어요. 성경이 기록된 때는 히브리어와 헬라어를 쓰던 시기였고, 특히 당시에는 헬라어가 전 세계 공용어였어요. 그때 히브리어로 쓰였던 구약이 헬라어로 번역되었고 신약도 헬라어로 기록되었어요. 로마 시민권자였던 사도 바울은 헬라어를 잘하는 사람이었고, 특히 바울의 동역자였던 실라는 유대인으로 히브리어는 물론, 헬라어에도 능통하던 사람이었어요.

그런데 사도 바울이 "방언을 말하는 자는 사람에게 하지 아니하고 하나님께 하나니 이는 알아듣는 자가 없고 영으로 비밀을 말함이라"(고전 14:2)라고 했어요. 당시에도 방언은 분명 사람에게 하는 것이 아니라 하나님께 하는 것으로, 사람이 알아들을 수 없는 언어였어요. 이후에도 사도 바울은 이렇게 말해요.

"내가 그 소리의 뜻을 알지 못하면 내가 말하는 자에게 외국인이 되고 말하는 자도 내게 외국인이 되리니 그러므로 너희도 영적인 것을 사모하는 자인즉 교회의 덕을 세우기 위하여 그것이 풍성하기를 구하라 그러므로 방언을 말하는 자는 통역하기를 기도할지니"(고전 14:11-13).

방언이 히브리어나 헬라어라면 당시에 통역이 왜 필요했겠어요? 사도 바울은 분명히 사람이 알아들을 수 없는 하나님께 드리는 영의 언어라고 말했어요. 똑같은 말을 반복하는 것 같아도 우리 마음과 영이 그 기도에 실리면, 즉 하나님을 간절히 찾는 부르짖음이 실리면 하나님께는 정말 깊은 기도를 올려드리는 신비한 소리가 되는 거예요.

한편 어린 아이가 말하는 것과 성인이 말하는 것이 다른 것처럼 방언기도도 발전해요. 더 풍성하게 하나님께 여러 소리로 올려드릴 수 있어요. 기도를 발전시키는 방법은 따로 있는데, 그것은 다음에 다루려고 해요. 중요한 것은 방언으로 하나님께 기도하기를 사모해야 한다는 것이에요. 우리의 지식이나 교양에 비추어 덜 세련되고 투박해 보여도 하나님 앞에서 내 영이 기도하는 방법이니까요.

저의 시골집 근처에 꿩이 많아 살아요. 꿩이 새끼를 데리고 다니는 것을 가만히 보면 웃음이 나요. 새끼가 처음 파닥거리면서 날 때의 모습은 더 우스꽝스러워요. 꿩은 어미가 되어도 나는 모습이 멋있지는 않아요. 까치나 까마귀나 어떤 새도 자연스럽게 날기까지 처음에 버둥거리는 과정을 겪어요. 우리가 영으로 처음 입을 떼서 방언을 시작할 때도 마찬가지겠지요. 처음부터 세련되고 멋있게 하려는 것 자체가 우리의 욕심이에요. 하나님 앞에서 우리가 어린 아이 같고 좀 유치해지면 어때요? 그분 앞에서 진실하고 진솔해지는 방법이 있다면 기꺼이 취해야 하겠지요. 유치하고 촌스러운 소리로 수년을 기도한 경력 있는 제가 감히 말씀드립니다.

참 좋으신 하나님, 감사합니다. 영적으로 죽어 있는 우리에게 찾아오시고, 십자가 보혈로 구원해 주시고, 귀한 성령을 보내 주셔서 우리로서는 도저히 알 수 없는 하나님을 믿음으로 받아들이게 하셨습니다. 우리가 보지 못하여도 믿는 자가 되었습니다. 우리를 열납해 주시옵소서. 우리의 기도를 받아 주시옵소서. 우리의 기도가 뒤뚱거리는 것 같고, 절룩거리는 것 같고, 세련되지 못하고 어눌할지라도 우리가 주께 부르짖는 간절한 마음 자체를 받아 주시고 불쌍히 여겨 주시옵소서. 우리도 예언하는 자가 되고 싶습니다. 병든 자에게 손을 얹으면 낫는 신유(神癒) 은사도 받고 싶습니다. 더욱더 큰 은사를 사모하고, 더욱 더 깊게 하나님 앞에 나아가며, 이 세상 사람들에게 하나님의 살아 계심을 나타내는 증거자가 되게 하옵소서. 우리의 인생을 세우고, 자녀의 인생을 세우고, 남편을 세우고, 아내를 세우고, 교회를 세우는 자가 되겠습니다. 하나님, 2천년 전에 열두 제자를 세우신 것같이 지금도 당신의 제자들을 세우시옵소서. 당신의 자녀를 기르시는 아버지, 그 능력의 손길을 의지합니다. 저와 함께 기도하는 모든 주의 자녀를 축복해 주시옵소서. 좋은 것으로 채우시고, 기도의 영으로 우리를 충만하게 하옵소서. 예수님의 이름으로 기도합니다. 아멘.

방언의 은사
바로 받는 방법

방언의 은사를 더욱 풍성하게

<진약사의 기도학교>
유튜브 13강 바로 시청

하나님의 선물

방언은 수많은 은사 중 하나예요. 은사는 영어로 기프트 (gift), 선물이라는 뜻이에요. 은사는 하나님께서 주시는 선물이기에 자랑할 수가 없어요. 이 사실이 너무 중요해요. 많은 목사님이 은사 받은 사람들을 달가워하지 않는 것은 은사자들이 교만한 마음을 갖기 쉽기 때문이에요. 자기가 특별한 계시를 받았다느니, 앞일을 보고 들을 수 있다느니 하면 목회자들이 다들 난색을 표해요. 은사는 교회에 덕을 세우라고 하나님께서 주신 것인데 사람들은 은사를 자기의 영광으로 생각하는 것이지요. 자기가 열심히 신앙생활을 한 것에 대한 훈장처럼 생각해요.

은사는 열매가 아니라 열매를 더 많이 맺으라고 하나님께서 선물로 주신 신앙생활의 도구입니다. 그것을 통해 하나님께 영광을 돌려야지 은사를 받았다고 자랑할 일은 아니지요. 그리고 사도 바울도 말했듯이 모든 은사에는 제한이 따라요.

제 생각에 은사 중에 제일 상위에 있는 것은 예언의 은사예요. 예언은 각 사람 마음속에 있는 비밀, 하나님께서 우리에게 전해 주시려는 말씀을 밝히 드러내는 것이니까요. 하지만 예언조차도 우리가 다 알고 하는 것이 아니라 부분적으로만 하는 것이라고 해요. 예언하는 은사를 갖게 되면 정말 교만해지기 쉬워요. 나중에는 하나님께서 주신 말씀을 전하는 게 아니라 자기 느낌과 생각을 하나님의 이름으로 말해 버리는 경우도 있어서 많은 사람을 힘들게 하고 놀라게 해서 은사 기피 현상이 생기게 돼요.

제가 기도학교에서 방언의 은사를 말하는 것에 편치 않은 것도 그런 이유에서예요. 혹시라도 말이 왜곡되어 많은 사람에게 잘못된 방향으로 흘러갈까 염려하는 마음이 커요. 여기서 분명히 말씀드리고 싶은 것은 아무리 방언을 잘하고 예언의 은사를 가지고 앞을 미리 본다고 해도 결국 은사는 하나님으로부터 선물로 받은 것이고 자랑할 게 하나도 없다는 것이에요. 아무리 정확한 예언이라도 부분적인 것이어서 전체적으로 보면 틀릴 수도 있어요.

맹인이 코끼리 만지는 얘기 다 아시죠? 눈으로 보지 못하고 손으로 만져서 코끼리에 대해 설명하는데 다리를 만진 사람, 코를 만진 사람, 귀를 만진 사람이 저마다 다르게 얘기하지요. 부분만 만져 본 사람들이 코끼리에 대해 이렇다 저렇다 얘기하니까 결국 누구 말이 맞는지 알 수 없어요. 마찬가지로 전체가 아닌 부분밖에 알지 못하는 우리 역시 하나님 앞에 겸손한 마음을 가져야 해요.

방언의 은사를 받으려면

방언의 은사를 아주 쉽게 받을 수 있는 방법이 있어요. 단, 방언을 받을 준비가 다 되었다는 전제가 붙어요. 준비란 방언의 은사를 사모하고, 하나님을 잘 믿고, 예수 그리스도가 누구신지 잘 알고, 그분 앞에 자신이 죄인이라는 걸 인정하는 절차를 모두 거친 것을 말해요. 방언을 받으려면 맨 처음에 회개부터 해야 하고, 정말 간절한 마음으로 하나님께 방언의 은사를 달라고 소원해야 해요.

만약 지금 당장 방언의 은사를 받기 원한다면 방법이 있어요. 방언은 언어, 즉 말이에요. 그래서 입을 꾹 다물고 있는 사람한테 갑자기 하늘에서 불이 떨어지듯 방언의 은사가 부어지는 일은 거의 없어요. 방언을 하려고 하면 먼저 무슨 말이든지 해야 해요. 소리를 내지 않고 마음속으로만 기도하고 입을 다문 채 '방언 주세요' 하는 건 어딘가 맞지 않아요.

하나님이 우리에게 찾아오실 때도 "볼지어다 내가 문 밖에 서서 두드리노니 누구든지 내 음성을 듣고 문을 열면 내가 그에게로 들어가 그와 더불어 먹고 그는 나와 더불어 먹으리라"(계 3:20)라고 말씀하세요. 그것이 하나님께서 우리에게 역사하시는 방법이에요. 문은 우리가 열어야 해요. 그러면 성령님이 오셔서 어떤 언어를 입혀 주세요. 구체적으로 말씀드리면, 마음으로 간절히 주님의 이름을 부르면서 입을 열어 '아~', 혹은 '오~' 같은 소리를 길게 내 보세요. 놀랍게도 가슴 깊은 곳에서 영의 소리가 올라오는 체험을 하게 될 거예요.

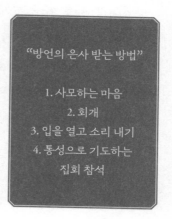

"방언의 은사 받는 방법"

1. 사모하는 마음
2. 회개
3. 입을 열고 소리 내기
4. 통성으로 기도하는 집회 참석

　입술 여는 것을 배우는 가장 좋은 방법은 저희 교회의 금요

성령집회처럼 성령 충만한 목사님이 인도하는 기도 집회에 참석하는 거예요. 통성으로 다 같이 기도하는 집회에는 여러분보다 기도 잘하는 사람이 많이 있어요. 그 사람들이 통성으로 기도할 때 소리를 내면서 기도하면 그대로 방언을 받아요. 혼자 집에서 간절한 마음으로 기도해도 받을 수 있어요. 제가 말씀드린 방법을 써 보시기 바랍니다. 한 번 해서 안 되면 두 번, 세 번 반복해서 해 보세요. 오늘도 하고 내일도 하고 모레도 하세요. 그리고 이미 방언을 하는 분들 중에도 익숙지 않다면 입을 다르게 움직여 보세요. 그러면 '유창한 방언'이 나오면서 자신의 영도 활짝 열리는 느낌이 들 거예요.

방언이 다양해요

제가 개인적으로 기도할 때 이따금 방언 찬송이 나올 때가 있어요. 방언 찬송에는 두 가지 경우가 있어요. 찬송가 곡조에 맞춰서 가사만 방언으로 나오는 경우가 있고, 어디에도 없는, 내가 지어 낸 것 같은 노래가 나오는 경우가 있어요.

저희 교회에서 금요성령집회를 할 때면 목사님이 앞에서 통성기도를 인도하고, 저희 딸이 반주자로 피아노를 쳐요. 언제부터인가 금요예배 시간에 딸이 연주하는 낯선 곡조에서 신비로운 영감을 느꼈어요. 기도에 집중할 수 있게 돕는 신기한 연주여서 물어봤더니 악보 없이 즉석에서 연주하는 거랍니다. 말하자면 피아노로 하는 방언기도라고요. 놀랍지 않나요?

제 딸은 초등학교 5학년 때부터 교회에서 반주를 했어요. 저희 교회가 규모가 작고 교인 수도 적어서 반주자를 따로 모실 수도 없었어요. 이 아이에게는 하나님이 주신 큰 체험이 있어요. 중학교 다닐 때 시험 기간 내내 저녁마다 교회 부흥집회가 있어서 반주를 한 적이 있어요. 그런데 놀랍게도 그때 시험 성적을 가장 잘 받았어요. 하나님께서 역사해 주신 덕분이죠. 그 다음부터는 시험을 앞둔 두려움이나 안타까움이 줄고 기쁨으로 반주하게 됐어요.

그렇게 계속 반주를 하다 보니 하나님께서 영감도 주셨나 봐요. 금요성령집회나 기도 시간에 즉흥곡으로 예배를 돕는 데까지 성장했어요. 지금은 유튜브 채널 '에셀나무21'에 기도 음악을 올리고 있습니다.

제가 이런 말씀을 드리는 것은 누구나 이렇게 될 수 있다는 것을 보여 주기 위해서예요.

하나님은 저에겐 방언 찬송을 주셨고 딸에게는 악보 없이도 즉흥적으로 연주하는 방언 반주를 주셨어요. 제 노래와 딸의 피아노 반주와 목사님의 기도가 어우러지는 게 정말 신기해요. 천국 가면 이보다 훨씬 더 아름답고 영광스러운 찬양을 부를 수 있겠지만, 이 세상의 작은 교회 예배에서도 이런 조화가 실현 가능하다는 게 신기하고 놀라워요. 어떤 사람은 펜으로 기도 제목이나 다른 간구할 것을 쓰면서 기도하기도 해요. 이것을 방서기도라고 한다는데, 영의 세계는 신비롭고 우리의 상상을 초월하는 것 같아요. 여러분도 여러 모양으로 방언기도를 해 보길 바랍니다.

여기서 중요한 것은 방언은 하나님이 주신 선물이라는 것, 따라서 어떤 형식의 방언도 모두 덕을 세워야 한다는 거예요. 자신이 다른 사람보다 더 낫다거나 우위에 있다는 것을 드러내기 위해 하나님께서 방언의 은사를 주신 게 아니라는 얘기죠.

제가 앞에서 "하나님, 저를 치료해 주세요" 하고 기도했던 분은 지금 어떻게 되었을까요? 저희 부부를 너무 가슴 아프게 하고 믿음을 떠나 버린 사람이 되었어요. 하나님께서 피투성이인 자신을 치료해 주신다는 걸 체험했는데 왜 마음이 교만해지는지 모르겠어요. 상처가 많다는 것은 죄가 많다는 것과 거의 동격이에요. 상처 많은 것을 하나님께 아뢰되, 사람들에게 자랑하면 안 돼요. 자신의 상처가 나아서 다른 사람의 상처를 치료해 주는 모습으로 성장해야 하나님께 영광이 되는 거예요. 상처가 많은 사람의 몸에서는 냄새가 나요. 상처는 염증이에요. 치료하고 극복해야 하는 병이에요. 그런 병을 자랑하는 그분을 보며 많이 안타까웠어요. 여러분도 방언의 은사, 예언의 은사, 하나님의 선물 많이 받아서 교회를 섬기는 기둥 같은 일꾼이 되길 바랍니다.

고맙습니다, 하나님. 우리 힘으로 마귀를 이길 수 없고, 상처를 싸
맬 수도 없는 줄 아시는 하나님. 우리에게 영적인 능력을 주시고
자 선물로 방언의 능력을 허락하셨습니다. 때로는 우리가 방언으
로 말하거나 꿈에서 하나님을 뵙거나 하나님의 음성을 들었다며
마음이 교만해질 때도 있었던 것 회개합니다. 저희를 씻어 주시옵
소서. 앞으로 방언으로 기도하며 하나님께서 열어 주시는 모든 것
을 하나님 나라를 위해서 사용하겠습니다. 모든 성도가 하나님께
더 가까이 나아가기 위해, 영적으로 성장하기 위해, 또 많은 사람
을 세우는 자가 되기 위해 기도에 동참하고 있습니다. 당신의 사랑
하는 자녀들을 기쁘게 어루만져 주시고, 말할 수 없는 은총을 내려
주옵소서. 강물 같은 주님의 은혜 내려 주옵소서. 거룩한 성령의
은사가 사모하는 모든 이에게 나타나기를 간절히 소원합니다. 하
나님 아버지, 언제까지 질병과 가난에 눌리며 과거의 상처에 매여
있겠습니까? 하나님 각양 신령한 은사를 우리에게 주시옵소서. 사
도 바울은 "더욱 큰 은사를 사모하라 내가 또한 가장 좋은 길을 너
희에게 보이리라"라고 말했습니다. 이 말씀이 우리에게 주시는 하
나님의 사랑의 음성인 줄 믿습니다. 각 신령한 은사를 모든 교회에
더하시고, 당신의 성도들에게 부어 주시옵소서. 감사하오며 예수
님의 이름으로 기도합니다. 아멘.

14강

네가 낫고자 하느냐
(치유기도 I)

<진약사의 기도학교>
유튜브 14강 바로 시청

상처는 치료해야 해요

요한복음 5장에 보면 베데스다 못가에 있는 38년 된 병자에게 예수님께서 "네가 낫고자 하느냐"라고 질문하셨어요. 여러분 생각에 병든 사람에게 이런 질문은 좀 엉뚱하지 않나요? 병든 사람은 당연히 낫고 싶죠. 예수님께서 헛말을 하실 분은 아닌데 당연한 말씀을 왜 하셨을까요? 저는 "네가 낫고자 하느냐"는 말씀을 읽을 때마다 여기에 내가 알지 못하는 깊은 뜻이 있는 듯 여운이 남았어요.

저희 부부가 20년 넘게 목회를 했으니 결코 짧은 시간은 아니지요. 그 긴 시간 동안 몸이 아픈 저 자신의 치유를 위해, 성도들의 치유를 위해, 교회의 부흥과 회복을 위해, 그리고 하나님을 더 깊이 알기 위해 여러 가지로 노력하고 기도해 왔어요. 그러는 과정에서 예수님께서 하신 이 질문이 우리 모두에게 필요한 말씀이라는 것이 새록새록 깨달아지는 거예요.

치유기도를 시작하면서 첫 번째로 드리고 싶은 말씀은 마음의 상처를 치료하는 것이 육신의 병을 치료하는 것보다 선행되어야 한다는 것이에요. 육신은 건강해도 마음이 아픈 사람이 많아요. 사실 이 세상의 모든 사람은 에덴동산을 떠나 하나님과의 관계가 단절된 이후로 다 마음의 병을 가지게 되었어요. 마음이 아픈 모든 사람이 위로받길 원해요. 나를 위로해 주고 공감해 주는 사람을 싫어하는 사람은 아무도 없어요. 우리는 위로와 인정에 목마르고 따뜻한 손길을 그리워해요. 그래서 똑똑한 사람과 동행하는 것보다 좀 덜 똑똑해도 나를 알아주고 만져 주고 이해해 주고 공감해 주는 사람에게 끌리게 되는 것이죠. 예수님께서 마음이 아픈 우리에게도 똑같이 물어보실 수 있어요. 사실 "네가 낫고자 하느냐"는 질문은 육신의 질병보다 마음의 질병에 더 해당하는 중요한 질문이라고 생각해요.

많은 사람이 낫고자 하지 않아요. 놀랍게도 그래요. 특히 몸

보다 마음이 아픈 사람들이 더 그런 경향이 있어요. 그들은 5년이 지나고 10년이 지나도 아픈 상태로 머물면서 사람들에게 끊임없이 위로받길 원해요. 어떤 사람은 10년 전 저를 처음 만났을 때 말했던 자기 아픔의 얘기를 새로운 사람을 만날 때마다 반복해요. 그때의 격앙된 감정, 눈물, 분노를 똑같이 쏟아 내는 거예요. 그의 아픔을 10년 동안 들어준 사람이 저뿐이었겠어요? 같이 신앙생활하는 소그룹 공동체에서도 그 사람의 아픔을 위로해 주고 공감해 주기를 10년이나 했지만, 그 사람은 10년 동안 하나도 낫지 않았어요. 무엇보다 낫고 싶어하지 않았어요. 오히려 새로운 사람을 만날 때마다 자기의 상처 얘기를 풀어 내면서 어떤 쾌감을 느끼는 것 같았어요. 그런데 사실 우리도 누구든지 그에게서 볼 수 있는 어린 아이 같은 마음을 가지고 있어요.

혹시 여성분 중에 임신했을 때 남편이 자기를 잘 챙겨 주지 않고 출산의 순간에 남편이 곁에 있어 주지 않은 것에 대해 지금도 서운해하고 속상해서 눈물이 나는 분이 있나요? 남편에게도 잘못이 있지만 아내의 마음속에도 상처를 치료하지 않으려는 잘못된 심리가 있어요.[1] 문제는 계속해서 예전의 아픔

---

1   치료해서 그 아픔을 극복하기보다 위로 받는 데에만 머물고자하는 심리를 말함.

을 곱씹으면 마음의 상처를 후벼 파는 현상이 생긴다는 데 있어요.

처음에 속마음을 열기 어려워하던 사람도 위로와 공감을 잘하는 사람 앞에서는 눈물을 흘리면서 자기 얘기를 꺼내게 돼요. 한두 번 얘기를 시작하다가 상대방이 자기 말에 교감해 주면 상당히 많은 부분이 치료돼요. 문제는 그렇게 말하고 위로받기를 즐길 수 있다는 것이에요. 칼칼하고 매운 음식을 먹으면서 느끼는 얼얼함과 화끈거림에서 쾌감을 즐기는 것과 비슷해요.

매운 맛은 우리 혀에 통증을 주는 아픈 맛이에요. 매운 것을 먹으면 일종의 화상을 입는 것과 마찬가지인데 매운 맛이 주는 쾌감이 있거든요. 아프지만 쾌감을 주는 것에 끌리는 것이죠. 아프고 괴롭고 고통스러웠던 자신의 상처를 끄집어내서 다른 사람을 놀라게 하고 공감을 이끌어 낼 때 묘한 기쁨이 있거든요. 그것을 끝도 없이 누리길 원하는 사람이 있다는 것이 문제예요. 혹시 여러분 중에 이런 습관이 조금이라도 있다면 회개해야 해요.

상처가 죄라니!!

제가 앞에서 상처는 냄새가 나고 병든 것이기 때문에 하나님으로부터 치료를 받아야 한다고 했지요. 그와 관련해 제가 '상처가 죄인가'에 대해 고민했던 얘기를 하려고 해요.

25년 전쯤 섬겼던 교회의 청년부에서 작은 갈등이 있었어요. 저도 전해 들은 얘기여서 소상한 내용은 잘 모르지만, 청년부의 한 자매가 상처받았다는 말을 자주 했다고 해요. **그 자매의 상처받았다는 말 때문에 주변 청년들이 다 힘들어하고 그들 역시 상처를 받는 거예요.** 결국 저와 잘 알고 지내는 남자 청년이 그 문제에 종지부를 찍으면서 "상처는 죄니까 상처가 많다는 것은 죄가 많다는 것"이라고 말했어요. 그 사건을 마무리 짓듯 던진 말이 저에게는 신선한 충격이고 놀라움 그 자체였어요. '상처가 정말 죄인가?'라며 그 말에 물음표 수십 개를 붙였어요. 이것은 분명 하나님께 질문해야 하는 것이라는 생각밖에 안 들었어요. 젊은 전도사 사모였던 저로서도 그 말에 아니라고 부인도 못 하겠고 맞다고 인정도 못 하겠더라고요.

'상처가 많은 것은 죄가 많은 것'이라는 말은 상처 많은 사람을 전혀 배려하지 않는 말 같았어요. 그렇게 단언하는 것은

그 사람을 상처의 구렁텅이로 밀어 넣는, 정죄하는 말이라는 생각이 들었어요. 하지만 한편으론 그 말이 맞는 것 같기도 해서 마음에 간직하고 생각날 때마다 그것이 맞는지 하나님께 물었어요.

결론적으로 그 말이 맞아요. 그렇다고 상처가 많은 사람은 하나님의 은혜를 입지 못할까요? 아니요. 전혀 그렇지 않아요. 하나님은 상처가 많은 사람을 긍휼히 여기세요. 정말 그가 낫고자 한다면 하나님은 우선적으로 그 사람을 치료해 주세요. 근데 문제는 그 사람이 상처를 자랑하고 하나님 앞에 토하기만 하지 스스로 낫고자 하는 의지가 없다는 데 있어요.

그 사람은 상처에서 벗어나지 못하기 때문에 영적인 성장이 없고, 그 상태에서 계속 머물며 죄만 짓다가 구원받지 못하고 나락으로 떨어질 수도 있어요. 왜냐하면 그 사람은 자기 자신에 대해 지나친 연민을 가지고 있기 때문이에요. 자기를 보호하기 위해 어느 누구도 자기에게 접근하지 못하게 차단하고 조금이라도 자극을 주는 사람이 다가오면 총을 난사하는 경우가 있어요. 지나친 과잉방어죠. 그런 사람은 주변의 많은 사람에게 해악을 끼치고 자기 자신도 상처 때문에 성장이 멈추게 돼요.

성경에 "믿는 자들에게는 이런 표적이 따르리니 곧 그들이 내 이름으로 귀신을 쫓아내며 새 방언을 말하며 뱀을 집어 올리며 무슨 독을 마실지라도 해를 받지 아니하며 병든 사람에게 손을 얹은즉 나으리라 하시더라"(막 16:17-18)라는 중요한 말씀이 있어요. 여기서 "무든 독을 마실지라도 해를 받지 아니하며"라는 말에 주의해야 해요.

무슨 독을 마실지라도 해를 받지 아니하며

우리가 살아가면서 독을 마실 일이 얼마나 있을까요? 독을 마시면 해를 받을 수밖에 없는데 일상에서 그런 일은 거의 일어나지 않죠. 그런데 왜 예수님께서는 믿는 자, 즉 신앙을 잘 지키는 사람들에게 표적으로 무슨 독을 받을지라도 해를 받지 않는 능력을 주신다고 했을까요? 여기서의 '독'은 바로 상처 주는 말을 의미해요.

성경에 독이 나오는 구절은 많아요.

"그들의 목구멍은 열린 무덤이요 그 혀로는 속임을 일삼으며 그 입술에는 독사의 독이 있고"(롬 3:13).

여기서는 사람들의 입술에 독사의 독이 있다고 말해요. 잠언에도 많은 부분이 우리 혀를 건사하는 내용, 입술의 열매를 주장하는 내용을 다루고 있어요.

이처럼 우리가 받은 상처는 사람의 입에서 나오는 독 때문이에요. 정말로 매를 맞아서 온몸이 피투성이가 된다기보다 말로 인해 상처를 입는 것이에요. 말의 독은 정말 치명적이거든요. **중요한 것은 성령이 충만하면 상처를 받지 않아요. 상처를 많이 받았다는 것은 당시에 자신의 믿음이 너무 연약해져 있고 하나님의 능력을 덧입지 못했다는 얘기예요. 하나님은 그런 사람을 긍휼히 여기세요. 그래서 하나님 앞에 나아와 자신의 상처를 드러내며 기도하는 사람은 정말로 그 상처를 치유받고자 하는 마음이 있어야 해요.** 하나님은 그가 깨끗이 나아서 다시는 그 상처에 갇히지 않고 다른 사람들을 치료하는 자가 되기를 원하세요.

인간관계에서 받은 상처, 용서할 수 없는 일로 인해 받은 상처 등 모든 것을 하나님 앞에 다 내려놓으세요. '하나님 저는 정말 낫고 싶어요. 어떻게 하면 이 병에서 놓일 수 있는지 가르쳐 주세요. 가르쳐 주시면 제가 그 모든 말씀에 순종하고 따르겠습니다' 고백하고 치유기도를 시작하세요.

하나님, 감사합니다. 우리 마음의 상처를 만져 주시고 깨끗하게 치료하시려고 예수님이 이 땅에 오신 줄 믿습니다. 예수님께서는 정말 많은 사람에게 상처를 받으셨습니다. 마음의 상처, 거절의 상처를 받으시고 모욕까지 받으셨습니다. 마지막에는 온몸에서 물과 피를 다 쏟고 죽기까지 하셨습니다. 예수님의 제자도 다 예수님을 버리고 도망갔습니다. 그러나 예수님은 그들을 용서하셨고, 사람이 이 세상을 어떻게 살아가야 할지 모범을 보여 주셨습니다. 하나님 아버지, 저희가 치유기도를 어떻게 해야 하는지에 대한 이야기를 나누었습니다. 능력이 많으신 성령께서 친히 말씀을 읽는 모든 사람에게 기름 부어 주시옵소서. 온 세상의 상처받은 사람들, 위로가 필요한 사람들을 하나님께서 어루만져 주시고 치유해 주옵소서. 지금 하나님 앞에 나아와서 기도하는 우리도 세상에서 상처받고 고통 받은 소외된 사람들입니다. 하나님의 은혜와 용서가 더 필요한 사람들입니다. 우리 자신도 알지 못하는 깊은 마음의 상처도 날마다 만져 주셔서 말씀으로 새것이 되게 하여 주옵소서. 이 책을 통해 더 많은 사람이 하나님의 사랑을 알게 하옵소서. 감사하오며 예수님의 이름으로 기도합니다. 아멘.

15강

상처보다 깊은 은혜
(치유기도 Ⅱ)

<진약사의 기도학교>
유튜브 15강 바로 시청

여러분에게 상처 이야기를 한 뒤로 마음이 많이 쓰였어요. 저는 제 이야기를 통해서 많은 사람이 위로와 격려를 받기를 바라지만, 상처 얘기를 잘못 받아들이면 역효과가 날 수도 있거든요. 오늘 강의가 그런 분의 마음에 많은 위로가 될 거라고 생각합니다. 오늘 치유기도 두 번째 시간에는 성경에서 마음의 깊은 상처를 치유받은 사례를 살펴보고 그것에 대한 얘기를 해 보려고 해요. 바로 우리가 너무 잘 아는 야곱의 아들 요셉의 이야기예요.

요셉의 이야기를 깊이 묵상하지 않고 읽으면 단순히 '큰 배신을 당하고 외국에 버려졌는데 믿음으로 국무총리까지 되어 성공한 사람' 정도로만 이해해요. 그리고 조금 더 묵상하면서 읽으면 자신을 버린 형들을 용서한 '용서의 아이콘' 정도로 이해해요. 사실 요셉의 이야기는 묵상할 거리가 아주 무궁무진해요.

요셉은 자기가 원해서 아버지의 사랑을 독차지한 것도 아닌데 그것이 형들의 시기를 불러와 상상할 수도 없는 고통을 받았어요. 아버지 야곱이 사랑한 여자는 오직 요셉의 어머니 라헬뿐이었지만, 어쩌다 보니 생각지도 못하는 사이에 아내가 넷이 되었어요. 라헬과 레아, 그리고 그녀들 각각의 여종을 첩으로 들여 열두 아들을 얻었는데, 그중에 열한 번째인 요셉과 막내 베냐민 둘만 라헬의 소생이었어요.

라헬만 사랑했던 아버지 야곱의 입장에서는 당연히 요셉이 제일 사랑스러웠어요. 라헬이 세상을 떠나자 요셉을 더 아꼈고 그에게만 채색옷을 입혔어요. 어렸을 때부터 총명했던 요셉은 아버지의 하나님을 잘 알았던 것 같아요. 성경의 전체적인 맥락을 보면 요셉은 야곱이 섬겼던 하나님, 조상의 하나님에 대해 관심이 많은 소년이었어요. 하지만 그런 야곱의 편애가 요셉 인생에 본의 아니게 큰 위기를 불러오게 되죠. 다른 형제들, 특히 형들에게는 요셉이 눈엣가시였어요. 그러다가 "밭에서 곡식 단을 묶었는데 내 단은 일어서고 당신들의 단은 내 단을 둘러서서 절하더이다"(창 37:7)라는 요셉의 꿈 이야기에 형들은 더욱 그를 미워하게 되지요.

결국 형들은 아버지 몰래 요셉을 애굽에 노예로 팔아 버려요. 인신매매를 당한 거죠. 언어도 다르고 아는 사람도 없는 낯선 외국 땅 애굽에서 17세 소년 요셉이 어떻게 살았을지, 그가 당한 현실을 한번 상상해 보세요. 요셉의 마음이 어땠을까요?

성경은 소설처럼 자세하게 묘사되어 있지 않기 때문에 우리가 무심코 읽다 보면 무슨 말인지 잘 모르는 채 그냥 넘어가는 경우가 많아요. 교회를 아주 어릴 때부터 다닌 사람들은 늘 듣던 이야기라 더 실감이 안 나겠지요. 그래서 행간의 의미를 이해하려면 성경을 깊이 읽어야 해요. 그렇게 읽다 보면 요셉이 겪는 고난이 머릿속에 그려지고 상상할 수 있게 돼요. 그렇게 해서 성경이 살아 있는 역사책이 되는 것이죠.

요셉의 인생에 드리워졌던 여러 어려움이 어떻게 변해 가는가를 잘 살펴보면 요셉의 고난을 심도 있게 알 수 있고, 더 나아가 지금 내가 겪는 고통 속에서 하나님이 어떻게 일해 가시는지도 파악할 수 있어요. 하나님께서 왜 요셉이나 야곱의 이야기를 성경 속에 기록하셨겠어요? 우리에게도 그들에게 해준 것 이상으로 은혜를 베풀어 주시겠다는 하나님의 사인, 즉 약속이기 때문이거든요. 예수 그리스도의 은혜는 어제나 오늘이나 동일하니까요.

형들은 처음에 요셉을 팔려고 했던 게 아니라 죽이려고 했어요. 그런데 제일 큰형인 르우벤이 생명을 해치지 말자며 가로막아서 요셉은 구덩이에 던져졌고 그다음에 팔렸어요. 팔릴 때 정황을 보면, 요셉을 구덩이에 던져 둔 채 형들이 음식을 먹고 있어요. 요셉의 입장에서 그 모습은 잊을 수 없는 장면 아니겠어요? 형들이 자기를 죽이려 했고 그다음에는 구덩이에 던져 넣었어요. 구덩이에 던져진 요셉이 가만히 있었을까요? 소리를 질렀겠죠. "형들 나한테 왜 이래, 나 좀 풀어 줘. 내가 잘못했으까 나한테 이러지 마!" 하면서 울부짖었을 거예요. 그런데 형들은 요셉의 그런 울부짖음도 다 무시하고 자기들끼리 음식을 먹다가 그곳을 지나는 이스마엘 상인들한테 어린 동생을 팔아 버렸어요. 요셉은 끌려가면서도 울부짖었을 거예요. 그 사건이 요셉의 가슴에 얼마나 깊이 박혔겠어요.

처참하게 끌려간 요셉은 애굽 땅에서 종살이를 하는 내내 악몽에 시달렸을 것 같아요. 그리고 매일 원망하면서 살았을지도 몰라요. 원망하려면 끝도 없었을 거예요. 형들에 대해서는 말할 것도 없고 아버지 야곱에게도 원망하는 마음이 생겼을 거예요. '왜 아버지는 아내를 여럿 두어서 나를 이 지경이 되게 하셨는가? 왜 무능하게 나를 찾지도 못하시는가?' 심지어 하나님도 원망했을 거예요. '하나님, 이렇게 애굽 땅에 팔리게 하실 거면 저한테 주신 그 꿈은 다 무슨 소용인가요?'

이렇게 요셉이 다른 사람을 원망하고 자신의 처지를 비관했을 것 같지만, 여러분이 잘 아는 대로 성경에는 요셉이 그렇게 말했다는 구절이 전혀 없어요. 오히려 성경은 놀랍게도 요셉이 팔려간 이후 "여호와께서 요셉과 함께하시므로 그가 형통한 자가 되어 그의 주인 애굽 사람의 집에 있으니"(창 39:2)라고 말하고 있어요.

그 뒤 요셉이 보디발의 아내에게 모함을 당하게 돼요. 보디발의 아내가 요셉을 유혹하다가 거절당하자 오히려 요셉이 자기를 강간하려고 했다고 죄를 덮어씌우죠. 화가 난 보디발은 요셉을 왕의 죄수를 가두는 감옥에 넣어요. 그 부분에서도 성경은 "여호와께서 요셉과 함께하심이라 여호와께서 그를 범사에 형통하게 하셨더라"(창 39:23)라고 말씀하고 있어요. 우리 같은 평범한 사람의 입장에서는 종으로 팔리고 감옥에까지 갇혔는데 어떻게 형통하다는 말이 나오는지 잘 이해가 안 돼요. 이 대목에서 하나님께서 우리를 바라보시는 시각과 우리가 스스로를 바라보는 그것과는 완전히 다르다는 것을 확인할 수 있어요.

만약 여러분이 정말 큰 상처를 안고 살아가고 있다고 해도 요셉이 겪은 상처만큼 클까요? 요셉의 기준으로 봤을 때 상처는 하나님 앞에서 더 크게 은혜를 받을 기회였어요. 그러니까 하나님께서 요셉이 종으로 팔렸는데도 '형통하였다', 감옥에 갇혔는데도 '여호와께서 함께하심으로 형통하였다'라고 말씀하는 것 아니겠어요? "죄가 더한 곳에 은혜가 더욱 넘쳤나니"(롬 5:20)라는 말처럼 하나님의 시각은 언제나 우리보다 앞서가서 가장 큰 상처와 고통의 시점에서 형통을 선포하세요. 다시 말해 상처가 더 큰 곳에 하나님의 은혜가 더 많이 있다는 얘기예요.

하나님이 하시는 일

요한복음 9장에 나오는 실로암 연못가의 시각장애인 거지도 마찬가지예요. 그가 앞을 못 보게 된 것에 대해 제자들이 "이 사람이 맹인으로 난 것이 누구의 죄로 인함이니이까 자기니이까 그의 부모니이까"(요 9:2) 하고 물으니 예수님께서 "이 사람이나 그 부모의 죄로 인한 것이 아니라 그에게서 하나님이 하시는 일을 나타내고자 하심이라"(요 9:3)라고 답하세요. 그러면서 침으로 진흙을 개어 그의 눈에 바르고 실로암 못에 가서 씻으라고 하세요. 그렇게 그의 눈을 뜨게 해 주셨어요. 이것이 하나님께서 우리를 치유해 주시는 방법이에요. 상처가 깊은 사람에게 하나님이 하시는 일이 나타나는 거예요.

그러면 하나님이 어떻게 나타나실까요? 하나님은 성경을 통해서 우리에게 묻고 계십니다.

"네가 낫고자 하느냐?"

우리는 이렇게 대답합니다.

"하나님, 저를 치료해 주세요. 제가 받은 상처에서 벗어나고 싶습니다. 저를 구원해 주세요."

그 순간부터 하나님의 역사가 시작됩니다.

요셉의 이야기를 잘 읽어 보면 하나님이 주시는 은혜는 나 자신이 받아들이는 순간에 시작된다는 것을 알 수 있어요. 그 은혜가 내 속에서 완성되는 시간이 걸릴 뿐이에요. 어떤 사람은 누군가를 용서한다고 마음먹으면 지금 당장 모든 상처로부터 자유로워진다고 생각하는데 그렇지 않아요. 일단 내가 용서한다고 선포하는 것이 시작이에요. 그런 다음 하나님의 은혜가 거듭 부어지는 과정에서 옛날 상처에 대한 기억이 떠올라 힘들 때마다 하나님 앞에 기도로 아뢰고 또다시 '나는 하나님의 더 큰 은혜를 받는다, 나는 용서했다'고 선포하는 거예요. 이것이 매일 수도 없이 반복되면서 하나님의 은혜가 나를 강물처럼 덮어 버리게 돼요.

요셉이 국무총리가 된 다음에 바로가 제사장 보디베라의 딸 아스낫을 그에게 주어 아내로 삼게 하죠. 요셉은 그녀와의 사이에서 두 아들 므낫세와 에브라임을 얻어요. 우리는 요셉이 큰아들 므낫세의 이름을 짓는 장면에서 그가 얼마나 형들에 대한 고통과 상처로 아파했는지, 얼마나 속으로 탄식했는지를 엿볼 수 있어요. 성경에는 "요셉이 그의 장남의 이름을 므낫세라 하였으니 하나님이 내게 내 모든 고난과 내 아버지의 온 집 일을 잊어버리게 하셨다 함이요"(창 41:51)라고 말하고 있어요. 요셉 역시 우리와 똑같은 성정의 사람이었던 거예요. 아무런 심적 갈등이나 고민 없이 그냥 기계적으로 형들을 용서할 수 있는 사람이 아니었던 거지요.

미천한 종의 신분이던 요셉이 대제국 애굽의 2인자인 국무총리까지 되었으니 얼마나 영광스러웠겠어요. 하나님의 큰 은혜를 입은 자로서 눈 뜰 때마다 믿어지지 않았을 거예요. 그런 그도 애굽에서 얻은 아들의 이름을 므낫세라고 지으면서 '내 아버지 집에서 있었던 모든 고통을 잊어버리게 하셨다'라고 말했어요. 무슨 뜻이겠어요? 그때까지도 요셉은 잊으려고 노력했던 것이지 못 잊고 있었던 거예요. 자기 인생에 복을 주시고 자기를 위로해 주시는 하나님이 계시다는 것을 인정하면서도 '하나님이 나의 고통을 잊어버리게 하시는구나' 하고 다시 한번 선포하는 거예요. 이것이 거듭되는 치유의 과정이에요.

요셉이 둘째를 낳았을 때는 에브라임이라고 이름 지으면서 "하나님이 나를 내가 수고한 땅에서 번성하게 하셨다 함이었더라"(창 41:52)라고 말해요. 에브라임은 '창대하다'는 뜻이에요. 이런 대목에서 하나님과 요셉 사이에 오고가는 깊은 영적인 대화를 알 수 있어요. 그것을 보면서 나도 지금 내게 있는 고통을 참으면서 계속해서 하나님께 더 큰 은혜를 바랄 수 있는 것이죠.

남을 돕는 중에

요셉이 어떻게 하나님의 깊은 은혜를 받게 되었는지 그의 생활 태도를 살펴볼 필요가 있어요. 요셉이 형들에게 팔렸던 것 못지않게 억울했을 때가 자신은 전혀 잘못하지 않았는데 죄를 뒤집어쓰고 감옥에 갇힌 때였을 거예요. 얼마나 기가 막혔겠어요? 또 하나님을 원망하고 낙심할 수밖에 없는 상황이

된 것이지요. 하지만 요셉은 원망은커녕 감옥에서도 성실하게 일했어요. 감옥에 갇힌 최악의 상황을 받아들이고 그곳에서 할 수 있는 최선의 일을 하면서 하나님을 향한 소망을 거두지 않은 것이죠. 그의 성실함을 눈여겨본 간수장이 옥중 죄수를 다 요셉의 손에 맡기고 그 제반 사무를 요셉이 처리하게 했어요. 그는 또 감옥에서 다른 죄수들을 섬겼어요.

어느 날 바로왕의 술 맡은 관원장과 떡 굽는 관원장 두 사람이 죄를 지어 요셉이 있던 감옥에 갇히게 되었어요.

하루는 요셉이 그들을 시중들려고 갔더니 그들의 안색이 안 좋아 보였어요. 요셉이 그들의 얼굴을 살피며 "어찌하여 오늘 당신들의 얼굴에 근심의 빛이 있습니까" 하고 안부를 물었어요. 요셉의 이런 질문과 관심은 예사롭지 않아요. 사랑이거든요. 대개 상처가 많은 사람은 자기 문제에 갇혀서 남을 못 봐요. 그러면 하나님의 은혜도 받기 어렵지요. 자기 상처를 딛고 일어나 하나님의 큰 은혜를 더 많이 받고 빛나는 보석 같은 사람이 되는 비결은 다른 사람을 돕는 자가 되는 거예요.

지금 자신이 처한 상황에서 하나님께 열심히 기도하면서 다른 사람에게 관심을 가지고 나보다 더 어려운 사람을 돕는 자가 되려고 애쓰는 것이 정말 중요한 생활습관이에요. 어떠세요, 여러분은 이미 다 알고 계시겠지만 저 역시 상처 많은 한 사람으로서 저 같은 사람을 교회 사모로 세우신 하나님이 놀라울 뿐이에요. 힘든 상황에서도 하나님의 은혜를 너무나 많이 받아서 이제는 하나님께 영광을 올려드리고 싶어요.

아버지 하나님, 감사합니다. 누가 요셉의 속마음을 다 이해할 수 있을까요? 요셉이 받았던 그 깊은 은혜를 전할 수 있을까요? 우리가 평생 묵상한들 하나님의 깊은 은혜를 헤아릴 수 있을까요? 요셉의 상처의 깊이보다도 더 큰 하나님의 은혜를 감사한 마음으로 나누었습니다. 하나님, 당신의 모든 성도에게 강물 같은 은혜를 베풀어 주시옵소서. 하나님 아버지, 요셉이 받았던 그 은혜로 모든 사람이 살아나게 하시고, 우리의 눈물을 닦아 주시옵소서. 하나님, 얼마나 깊은 은혜를 예비하고 계신지요. 주께 피하는 자들에게 말할 수 없는 위로와 격려와 새 힘 주시는 아버지, 그 하나님을 찬양합니다. 우리의 상처조차도 보석이 되게 하시는 하나님을 찬양합니다. 우리의 눈물이 변하여 기쁨이 되게 하시고, 베옷을 벗기시고 춤을 추게 하실 하나님을 찬양합니다. 더 깊은 주님의 은혜로 이끌어 주시옵소서. 오늘도 우리와 함께하시는 하나님께 감사하오며 예수님의 이름으로 기도합니다. 아멘.

16강

병 낫기를 위한 기도
(치유기도 Ⅲ)

<진약사의 기도학교>
유튜브 16강 바로 시청

신유의 은사를 사모하는 이에게

사람들이 가장 선호하는 은사가 육신의 병을 치료하는 신유의 은사라고 해요. 그것도 결국은 기도해서 사람을 치료하는 은사이므로 기도의 범주에 들어가요. 성경에서도 "믿음의 기도는 병든 자를 구원하리니 주께서 그를 일으키시리라 혹시 죄를 범하였을지라도 사하심을 받으리라 그러므로 너희 죄를 서로 고백하며 병이 낫기를 위하여 서로 기도하라 의인의 간구는 역사하는 힘이 큼이니라"(약 5:15-16)라고 말씀하세요.

육신의 병을 치료하기 위한 기도는 어떻게 하면 될까요? 남편 목사님과 제가 교회를 개척한 지 20년 정도 지났는데, 그동안 교회에 가난하고 몸과 마음이 아픈 사람들이 많이 왔어요.

그런 사람들과 함께 예배하고 기도하면서 목사님과 제가 많은 훈련을 받은 것 같아요. 그래서 더 하나님께 감사해요. 이것이 하나님께서 우리에게 베풀어 주신 가장 선한 길이었다는 생각이 들어서 우리 교회 성도님들께도 감사하는 마음이에요.

병든 자를 위해 기도하는 신유의 은사에 대해 얘기할 때 짚고 넘어가야 할 중요한 몇 가지가 있어요. 먼저, 신유기도나 치유기도는 장기간 해야 한다는 것이에요.

사람들이 신유의 은사를 너무 받고 싶어 하면서도 어렵게 생각하는 이유가 기도를 하면 병이 단번에 나아야 한다고 생각하기 때문이에요. 그래서 너무 부담스러운 거죠. 자기 아이가 아프거나 다른 사람이 아플 때 그들을 위해서 감히 손을 얹고 기도하지 못하는 것은 기도했는데 아무 일도 일어나지 않으면 어쩌나 하는 두려움이 있기 때문이에요. 그래서 엄두가 안 나는 거죠. '내가 기도해 봤자 얼마나 도움이 되겠어' 하고 마음이 쪼그라들면서 기껏해야 '내가 당신을 위해서 기도할게요'라고 말할 뿐 그 자리에서 손을 얹지는 못합니다.

남편 목사님과 저도 마찬가지였어요. 저희가 아픈 사람들을 위해서 많이 기도하고 그분들을 섬기면서 나중에야 신유기도와 치유기도는 길게 내다보고 해야 한다는 사실을 터득하게 되었어요.

병원 치료를 한번 생각해 봅시다. 위장병이 있는 사람들은 소화가 안 되어서 잘 먹지를 못해요. 못 먹으니 빈혈증상도 있고, 몸에 기운이 하나도 없어요. 그런 사람들이 병원이나 한의원에서 치료를 받을 때 한 번에 치료가 되나요? 몇 달에 걸쳐서 각종 검사도 받고, 침도 맞고, 약도 처방받아 먹으면서 병원을 정기적으로 다녀요. 10년씩 다니는 사람도 있고, 완치는 포기하고 병원에서 처방해 주는 약을 먹으면 견딜 만하니까 관리 차원에서 평생 다니는 분들도 있어요. 그런데 왜 유독 기도할 때는 한 번에 나아야 한다고 생각할까요?

복음서를 보면 예수님께서 3년의 공생애 기간 동안 병든 자를 치료하신 얘기가 자주 나와요. 사도행전에 보면 초대 교회의 사도들이 어떤 식으로 성령의 능력을 사용했는지 엿볼 수 있어요. 예수님은 하나님의 아들이고 본체가 말씀이시며 육체를 입고 이 세상에 오신 분이에요. 그런 완전하신 예수님도 어떤 사람에게는 몇 번씩 기도를 해 주시는 것을 볼 수 있어요.

"예수께서 맹인의 손을 붙잡으시고 마을 밖으로 데리고 나가사 눈에 침을 뱉으시며 그에게 안수하시고 무엇이 보이느냐 물으시니 쳐다보며 이르되 사람들이 보이나이다 나무 같은 것

들이 걸어 가는 것을 보나이다 하거늘 이에 그 눈에 다시 안수
하시매 그가 주목하여 보더니 나아서 모든 것을 밝히 보는지
라"(막 8:23-25).

아픈 곳에 손을 얹는 것부터

그리고 두 번째로 중요한 것은 기도할 때 웬만하면 아픈 곳
에 손을 얹고 기도하는 게 좋다는 점이에요. 손을 얹는 것 자
체가 언어예요. 영의 언어든 혼의 언어든 기도는 언어예요. 그
언어가 반드시 소리가 나야 하는 건 아니에요. 사람 간의 의사
소통도 말로만 하는 것은 아니고 눈빛, 표정까지 전부 언어거
든요. 예를 들어 강도가 총을 들이밀 때 아무 저항 없이 손을
들었다면 '나 무장 해제했습니다. 당신에게 항복했습니다'라는
표현인 것처럼 기도할 때 손을 든다는 것도 하나님께 항복한
다는 뜻이에요. 기도할 때 하늘을 보고 손을 높이 들어 하나님
께 간절함을 나타내는 것처럼 치유기도를 할 때는 아픈 부위
에 손을 얹는 것이 믿음의 표현이지요.

저는 위장이 약해서 배에 손을 얹고 기도하는데, 손을 얹을
때랑 아닐 때 차이가 있어요. 손을 얹고 기도하면 우리 몸에
있는 세포 조직들이 다 움직이는 느낌이 들거든요. 훨씬 더 강

력한 힘이 있어요. 손을 얹고 기도하는 것 자체가 믿음의 고백이자 용기예요. 다만, 아픈 부위가 머리라고 해도 머리에 손을 얹는 것은 주의해서 상대방과 나의 사회적인 지위를 감안해야 합니다.

세 번째로 중요한 것은 치유기도를 할 때 그저 '하나님, 낫게 해 주시옵소서'라는 말만 반복하는 것보다 한 번씩 선포를 해야 한다는 것이에요. 예수님께서도 아픈 사람을 치료하실 때 "네 병에서 놓여 평안할지어다"라고 하시고 못 듣는 자에게는 "에바다(열릴지어다)"라고 선포하시고, 병든 자에게 손을 얹은즉 "나으리라"라고 선포하셨어요.

우리는 손을 얹고 그 병에 대하여 예수 그리스도의 이름을 인용해서 선포하죠. 그러면 몸의 모든 세포가 예수 그리스도의 이름으로 선포하는 소리를 듣고 병이 낫게 돼요. 에스겔서를 보면 골짜기에 가득했던 마른 뼈들이 에스겔이 하나님의 말씀을 듣고 대언했을 때 맞춰졌어요. 그리고 뼈에 생기가 들어가 힘줄과 근육이 입혀지죠. 이렇게 초자연적인 일들이 에스겔이 하나님께 명령을 받아서 선포했을 때 일어났어요. 마찬가지로 우리가 병든 자의 아픈 부위에 손을 얹고 기도할 때에도 '위장병은 나을지어다' '통증은 사라질지어다' '모든 염증은 사라질지어다' '뼈는 제자리로 돌아가서 맞춰질지어다' '모든 근육과 힘줄은 강건할지어다' '하나님께서 나를 만드신 모양대로 강건할지어다'라고 선포합니다. 이렇게 선포와 간구를 반복하는 거예요.

치유기도를 하는 방법을 정리하면 첫째, 한 번에 나을 것으로 생각하지 마세요. 그런 부담 갖지 말고 한 달이든 1년이든 꾸준히 기도해야 한다고 생각하세요. 둘째, 아픈 부위에 손을 얹고 기도하세요. 손을 얹는 것 자체도 믿음의 고백이고 성령께서 기뻐하시는 거예요. 셋째, 집중적으로 기도하고 선포하세요. 또 간구와 선포를 번갈아가며 하세요. 이 말씀이 신유의 은사에 대해 관심 있는 많은 분에게 도움이 되었으면 좋겠어요.

하나님, 감사합니다. 우리 아픈 것을 안타깝게 생각하시는 하나님께서 우리에게 "병든 자에게 손을 얹은즉 나으리라. 너희가 병 낫기를 위하여 서로 간구하라"라는 말씀을 주셨습니다. 하나님, 우리에게 큰 믿음을 주시옵소서. 우리가 말할 때 성령께서 임한 줄을 믿습니다. 우리가 믿음을 가지고 아픈 사람들, 내 몸의 아픈 부위에 손을 얹고 기도하겠습니다. 하나님 아버지, 우리가 매일 작정으로 기도하고, 성령의 인도하심으로 간구하며, 이런 기도가 하나하나 쌓여서 이 세상에서 감당할 수 없는 믿음의 능력이 되기를 간절히 원합니다. 그 믿음으로 세상 가운데 빛이 되고, 특히 아픈 사람들에게 기도했을 때 그들이 낫게 하옵소서. 우리를 불쌍히 여기시고 우리 영육간의 모든 아픈 것을 다 치료하여 주시옵소서. 새 힘 주시옵소서. 우리 눈으로 하나님의 영광을 보게 하옵소서. 감사하오며 예수님의 이름으로 기도합니다. 아멘.

4부

능력 체험 기도

하나님보다
앞서가지 마세요

하나님이 일하실 때까지 기다린 사람

<진약사의 기도학교>
유튜브 17강 바로 시청

용서와 화해는 달라요

17강에서는 우리 기도를 가로막는 것, 기도가 앞으로 나아가지 못하게 하는 것이 무엇인지에 대해 말씀 나누려고 합니다. 앞에서 우리를 묶는 상처에 대해 나누었지요. 상처 말고도 마음속에 꼬인 인간관계가 문제가 되기도 하거든요. 사람에게 제일 힘든 숙제가 인간관계예요. 상처도 모두 관계에서 기인하는 거지요. 예를 들면 여러분이 이 책을 읽고 열정적으로 작정기도 해서 하나님이 베풀어 주시는 은혜를 받았어요. 그 은혜에 힘입어 용서를 선포하고 여러분을 힘들게 했던 사람을 찾아갔어요. 그 사람의 손을 잡고는 "내가 당신을 용서했어"라고 말했다고 생각해 보세요. 무슨 일이 일어날까요?

결론은 그렇게 하면 안 된다는 거예요. 용서와 화해는 다르거든요. 용서는 내가 일방적으로 하는 것이고 화해는 상대방과 내가 함께해야 하는 상호적인 거예요. 내가 많은 은혜를 받아서 용서한 것과 그 사람에게 가서 용서를 선포하고 화해하자고 손을 내미는 것은 전혀 다른 의미예요. 일방적으로 그렇게 행동하면 오히려 여러분이 크게 상처받을 수 있어요. 왜냐하면 상대방은 "내가 뭘 잘못했는데 나를 용서한다고 하는 거야?" 하면서 역정을 낼 수 있거든요. 그러면 받았던 은혜가 다 날아가요. 좀 어처구니없지만, 이런 예를 주변에서 심심치 않게 봤고 저에게도 비슷한 일이 있었어요. 이런 사례를 창세기에 나오는 요셉의 일화에서 볼 수 있어요.

요셉의 이야기는 어떤 사람도 다 풀어 내지 못할 정로도 심오한 진리를 담고 있어요. 하나님과 요셉 사이에는 우리가 끼어들 수 없는 깊은 교제가 있고 하나님의 섭리가 상상할 수 없을 만큼 깊고 놀라워요. 우리는 그저 겉핥기식으로 볼 뿐이에요. 저도 수십 년 동안 돋보기로 보듯 요셉 이야기를 읽었는데 그나마 제가 찾아낸 것이 이 정도예요. 이 책을 읽는 분들 중에는 이미 저보다 더 깊은 내용을 알고 계신 분도 있을 거예요. 이 속에는 현대 심리학에서도 담아 내지 못한 내용들이 있습니다.

요셉의 기다림

요셉이 극적으로 바로왕의 신임을 얻어서 죄수의 신분에서 애굽의 2인자, 국무총리가 됐어요. 우리 생각에 그렇게 성공하면 당연히 첫 번째로 하는 일이 뭘까요? 자기가 떠나온 고향에 기별을 넣고 아버지와 가족을 찾아가는 것 아니겠어요? 그야말로 금의환향 하는 거지요. 물론 국무총리의 신분으로 애굽 전역을 돌아다니면서 감독관을 세워 풍년 동안 거둔 곡식을 쌓아 두게 하고 7년의 흉년을 대비하는 일로 바빴겠지만, 그런 일을 어느 정도 마무리한 다음에는 자신의 가족을 찾아가는 것이 자연스러워요. 자기를 괴롭혔던 형들을 찾아가 보란 듯이 복수를 할 수도 있고요.

하지만 요셉은 그렇게 보고 싶던 아버지에게 가지 않아요. 요셉이 자신과 함께 감옥에 갇혀 있던 술 맡은 관원장의 꿈을 해석하고 '당신은 곧 복직될 것'이라고 하면서 "당신이 잘 되시거든 나를 생각하고 내게 은혜를 베풀어서 내 사정을 바로에게 아뢰어 이 집에서 나를 건져 주소서 나는 히브리 땅에서 끌려온 자요 여기서도 옥에 갇힐 일은 행하지 아니하였나이다"(창 40:14-15)라고 말했어요. 그 말은 자기가 여기서 나가기를 원하고 고향 히브리로 돌아가겠다는 뜻 아닌가요? 마침내 요셉이 감옥에서 풀려났을 뿐만 아니라 애굽의 2인자로 더 훌륭하게 됐어요. 그러면 당연히 고향으로 기별을 넣든지 찾아갔을 거예요. 그런데 요셉은 가지 않았어요. 몇 년 정도가 아니고 10년이나 지날 때까지 침묵하고 고향에 가지 않아요. 요셉이 국무총리로 발탁된 후 8년이 지나고 그다음 흉년이 든 지 2년째에 형들이 애굽으로 곡식을 얻으러 찾아왔으니 10년 정도 지난 셈이죠.

요셉이 바로왕의 꿈을 해석하면서 "이제 바로께서는 명철하고 지혜 있는 사람을 택하여 애굽 땅을 다스리게 하시고" 7년의 풍년 동안 곡식을 잘 쌓아 두어 흉년에 대비하면 된다고 했을 때 바로왕이 "이와 같이 하나님의 영에 감동된 사람을 우리가 어찌 찾을 수 있으리요… 하나님이 이 모든 것을 네게 보이셨으니 너와 같이 명철하고 지혜 있는 자가 없도다"(창 41:38-39) 탄복하면서 그를 국무총리로 세웠어요. 바로왕은 지각이 뛰어난 사람이에요. 자신은 한 발 뒤로 물러서고 똑똑한 요셉을 통해 나라를 다스리게 하면 힘들이지 않고도 더 위대한 왕이 될 수 있으리라는 것을 깨달았던 것이죠. 덕분에 요셉은 막강한 권력자로 등극했어요.

하지만 그는 고향으로 돌아가지 않아요. 그것은 지혜였어요. 이런 요셉의 지혜는 평범한 사람은 가늠조차 할 수 없어요.

왜 요셉은 고향에 알리지 않았을까요? 하나님이 일하실 시간을 기다린 거예요. 요셉은 아들의 이름을 므낫세, 에브라임이라고 지을 만큼 아버지 집에서 억울하게 당했던 일을 잊고 용서했어요. 그리고 창대케 하시는 하나님께 감사했어요. 하지만 요셉은 아직 준비도 안 된 형들에게 가서 자기의 위용을 이용해 형들을 눌러 버리지 않았어요. 억지로 화해를 시도하지 않은 것이지요. 형들이 마음으로 죄를 깨닫고 스스로 낮아져서 자기에게 손을 내밀 때까지 일하실 분은 하나님이시라는 것을 요셉은 알았던 거예요. 그래서 하나님이 일하시기까지 10년을 기다린 거예요.

형들이 곡식을 구하러 애굽으로 찾아왔을 때도 그 자리에서 바로 자신의 존재를 드러내지 않고 형들을 떠봐요. 이때 요셉의 지략이 보통이 아니에요. 저는 몇 년이나 성경을 읽었지만 요셉의 의도를 잘 파악하지 못했어요. 요셉은 형들에게 자기가 요셉인 것을 말하지 않고 그들을 '이 나라의 틈을 엿보려고 온 정탐꾼들'이라고 몰아세워요. 그러면서 '너희의 진실함을 증명하려면 가나안에 있는 너희 막냇동생을 이곳으로 데려오라'고 하고 형들을 사흘 동안 감옥에 가둬요. 형들 입장에서는 억울했겠지요.

요셉의 그런 행동에는 자신이 경험했던 억울함을 형들에게 간접 경험하게 하려는 깊은 뜻이 있었어요. 요셉이 3일이 지난 뒤 갇혔던 형들을 풀어 주는데, 그때 형들이 이렇게 얘기해요.

"우리가 아우의 일로 말미암아 범죄하였도다 그가 우리에게 애걸할 때에 그 마음의 괴로움을 보고도 듣지 아니하였으므로 이 괴로움이 우리에게 임하도다"(창 42:21).

그러자 르우벤이 이렇게 말해요.

"내가 너희에게 그 아이에 대하여 죄를 짓지 말라고 하지 아니하였더냐 그래도 너희가 듣지 아니하였느니라 그러므로 그의 핏값을 치르게 되었도다"(창 42:22).

이쯤 해서 요셉이 자기 존재를 드러내도 될 법한데 요셉은 여기서 멈추지 않아요. 그들이 자신들의 행위를 깨닫고 회개할 준비를 하도록 더 시간을 주는 것이지요. 말하자면 하나님이 그들에게 일하실 시간을 기다렸던 거예요. 요셉은 그렇게 이들이 돌아가서 이듬해에 다시 올 때까지 기다렸어요. 분명 요셉은 총리가 될 만큼 도량이 큰 사람이었어요. 이 이야기를 통해 요셉에게 부어진 지혜가 얼마나 큰지 가늠해 볼 수 있어요.

용서는 일방적으로 할 수 있어요. 용서는 한 번 만에 되기도하지만 대부분 계속해서 그 쓴 뿌리가 올라와요. 하나님께 기도하면서 용서한다고 선포하고 또 기도하고 선포하기를 5년, 10년 동안 할 수 있어요. 그 과정에서 하나님이 계속 은혜를 부어 주시죠. 용서를 선포할 때마다 하나님이 더 가까이 오세요. 요셉이 점점 더 큰 은혜를 받은 것처럼 우리도 더 큰 은혜를 받다 보면 나중에 므낫세의 축복, 에브라임의 축복이 마음속에서 고백으로 우러나와요.

그리고 하나님께서 나를 괴롭게 한 사람들에게도 역사하실 수 있어요. 상대방에게 하나님이 역사하셨을 때 그와 나 사이에 화해가 이루어지는 거예요. 화해는 나 혼자 일방적으로 한다고 되는 게 아니고 쌍방이 하는 것이기 때문에 여러분 혼자 앞서가면 안 돼요. 화해가 안 이루어져도 어쩔 수 없는 거예요. 그냥 나는 스스로, 일방적으로, 그 죄의 얽힘, 상처, 끝없는 다툼에서 해방과 자유를 선포함으로써 하나님의 은혜를 받을 수 있지만 상대방의 문제는 별개예요. 그와 하나님 사이의 문제가 또 있는 거예요. 그래서 화해는 시간이 많이 걸려요. 전적으로 하나님께 맡겨야 하지요.

용서와 이해는 별개예요

또 한 가지 말씀드릴 것은 용서와 이해는 다르다는 점이에요. 많은 사람이 이해하고 용서한다고 말하니까 비슷한 단어로 잘못 생각하는데, 용서는 죄가 있는 사람에게 해당하는 말이에요. 누가 봐도 잘못했고 죄를 지은 사람, 즉 유죄 판결을 받은 사람에게 하나님의 은혜로 내가 일방적으로 용서를 베푸는 거예요. 어떤 사람이 나에게 100데나리온을 빚지고 갚지 않았어요. 분명 잘못한 것이죠. 하지만 나는 그 빚진 자를 용서해 줄 수 있어요. 내가 그냥 없던 일로 해 주는 거예요. 하나님이 나를 용서해 주셨기 때문에 나도 그를 용서해 줄 수 있어요. 용서라는 것은 기본적으로 상대방이 죄를 지었다는 전제하에 은혜가 베풀어지는 것이에요.

한편, 이해는 오해라는 말과 비교해서 설명할 수 있어요. 우리가 어떤 사람을 오해했는데 나중에 알고 보니 그에게 다른 사정이 있었어요. 그래서 그 사람을 이해하게 됐어요. 이것은 상대방에게 아무 잘못이 없는 것, 그가 무죄라는 얘기죠. 이 사람이 큰 죄가 있는 줄 알았는데 그 중에 상당 부분은 내가 오해했던 거예요. 그럴 때는 나머지 죄 지은 부분만 용서를 해 주면 돼요.

인생을 살다 보면 자기 부모를 용서해야 하는 경우도 있어요. 용서해야 한다는 압박감에 시달려서 억지로 자기 부모님이 죄를 짓지 않았다고 생각하려는 사람들을 본 적이 있어요. 예를 들면 부모님이 나를 학대했거나 이혼하고 나를 버렸어요. 그러면 부모님이 분명 잘못한 거예요. 나는 그 어려운 가운데서도 노력해서 잘 성장했고 지금은 행복하게 살고 있어요. 그런데 내가 어른이 되고 보니 부모님이 각자 상처가 있어서 서로 다투고 이혼하는 과정에서 나를 버렸다는 것을 알게 되었어요. 만약 내가 그런 상황이었다면 얼마나 자식에게 잘할 수 있었을까 생각해 보니 자신이 없어요. 부모님이 나를 버린 잘못은 이만큼인데 이해를 하고 보니 그 잘못이 조금 줄어드는 거예요. 그래도 모든 잘못이 이해되는 것은 아니에요. 잘못의 정도가 상당히 줄어들긴 하지만, 분명히 부모님이 잘못한 부분도 있거든요. 그것을 인정하고 그 죄를 용서하면 되는데 그것을 분리하지 못해서 괴로워하는 분들이 있어요. **부모님이 죄를 지었다고 생각하면 자기 인생이 송두리째 부정당하고 흔들리는 것 같아 두려워하는 것이지요. 자기 부모는 죄가 없다는 전제에 갇혀 버린 겁니다.** 그런 상황이 되면 정말 힘들어져요. 죄지은 사실을 인정하고 그 부분에 대해 다시 용서를 선포해야 합니다.

요셉이 하나님의 섭리로 자기 삶을 이해하고 그 이해를 토대로 형제들을 용서한 것, 또 하나님께서 형제들에게 역사하실 때까지 기다린 것은 우리가 성경을 읽으면서도 놓쳐 버리기 쉬운 깊은 하나님의 섭리이고 은혜입니다.

하나님, 감사합니다. 우리가 하나님보다 앞서갈 때가 얼마나 많은
지요. 주께 큰 은혜를 받았지만 다시 뒷걸음칠 때도 있습니다. 하
나님 아버지, 우리가 더 성장하게 도와주시옵소서. 다른 사람을 이
해하는 것과 용서하는 것, 그리고 오해하는 것을 잘 구별하여 우리
가 주께 받은 은혜로 여러 사람에게 덕을 끼치는 성령의 사람이 되
게 하옵소서. 매일 더 성장하겠습니다. 우리를 도와주시옵소서. 우
리 모두가 하나님 앞에 막힘없이 성령을 힘입어 기도하는 자가 되
게 하옵소서. 성령님, 임하옵소서. 이 시간에 임하옵소서. 하나님,
함께 기도하기 위하여 주님 앞에 두 손 모으고 무릎 꿇은 당신의
모든 자녀에게 역사해 주시옵소서. 하나님 사랑합니다. 우리 주 예
수 그리스도 안에서 용서를 배우게 하여 주옵소서. 예수님의 이름
으로 기도합니다. 아멘.

그의 손에 내 손을

치유 기도는 사랑입니다

<진약사의 기도학교>
유튜브 18강 바로 시청

치유기도 얘기를 좀 더 하려고 합니다. 치유기도의 가장 큰 토대는 사랑이에요. 사람들은 신유의 은사를 능력 행함의 은사와 혼동하는 경우가 있어요. 사도행전에서 베드로가 성전 미문에 앉아 있던 앉은뱅이를 일으킨 사건이 머리에 선명하게 남아 있기 때문이에요. 베드로와 요한이 기도 시간이 되어 성전으로 올라가다가 구걸하는 앉은뱅이를 보고는 "은과 금은 내게 없거니와 내게 있는 이것을 네게 주노니 나사렛 예수 그리스도의 이름으로 일어나 걸으라"(행 3:6) 하면서 오른손을 잡아 일으킨 사건 말이에요.

이것은 신유보다 능력 행함의 은사로 볼 수 있어요. 보통 신유의 은사는 천천히 나타나요. 베드로가 한 것처럼 한 번에 앉은뱅이를 바로 일으키는 것을 신유의 은사라고 생각하면 자신이 없고 엄두가 안 나서 아예 기도를 못 해요.

병을 치료하는 신유의 은사는 천천히 단계적으로 결실을 맺어요. 그것을 이해하면 은사를 발전시키는 데 도움이 되고, 무엇보다 아픈 사람들을 위해 기도하면서 선한 덕을 쌓을 수 있어요. 병자들을 위해 손을 얹고 기도하는 것은 내 능력을 자랑하는 게 아니라 사랑하기 때문이에요. 만약 내가 어떤 병자를 일으킨다고 하면 보여 주기일 뿐이죠. 그것은 기사와 표적이거든요. 병 고침이 아니라 기사와 표적이 되어서 자칫 우리 자신의 영혼을 잃게 만들 수도 있어요. 아무에게나 그런 능력을 주시지 않는 것은 우리 믿음이 부족해서이기도 하지만, 자기 영혼을 잃을 수 있기 때문이에요. 병자들을 위해 하는 기도는 사랑이고 섬김이에요. 그래서 꾸준하고 지속적으로 하는 것이고, 그 과정을 통해서 선한 열매를 많이 맺게 돼요.

제가 아픈 사람에게 "기도해 드릴게요" 하고 손을 얹고 기도하면 싫어하는 경우가 별로 없어요. 그렇지만 "네, 기도해 주세요" 하고 허락한다고 해도 지금 기도해 주겠다는 나에게 능력이 있을 것이라고 기대하지 않아요. 입장 바꿔 생각해도 마찬가지예요. 제가 몸이 아플 때 누가 저에게 와서 기도해 주겠

다고 하면 그냥 기도 자체에 고맙고 따뜻한 마음을 느끼는 것
이지 그 사람이 나를 위해 기도해서 내가 바로 자리를 털고 일
어날 것이라고 기대하지는 않거든요. 오고가는 따뜻한 마음이
느껴져 좋은 것이죠. 그것이 하나님께서 우리에게 원하시는
선한 모습이에요.

"너희 중에 병든 자가 있느냐 그는 교회의 장로들을 청할 것
이요 그들은 주의 이름으로 기름을 바르며 그를 위하여 기도
할지니라"(약 5:14)라고 하신 말씀이나 "그러므로 너희 죄를 서
로 고백하며 병이 낫기를 위하여 서로 기도하라 의인의 간구
는 역사하는 힘이 큼이니라"(약 5:16)라고 하신 말씀을 잘 살펴
보면 선한 교제의 뜻이 담겨 있어요. 예수 그리스도 안에서 아
름다운 사랑과 섬김과 그리스도인이라는 우정이 있어요. 아픈
나를 위해 누군가 기도해 줄 때 눈을 감고 그 기도를 듣고 있
으면 그 기도 소리만큼 포근하고 따뜻하고 아름다운 것은 없
거든요.

제가 몇몇 교회 사모님들과 모여서 같이 기도할 때가 있었
어요. 그때 사모님 한 분이 대표로 우리를 위해 조곤조곤 기도
했는데 그 소리가 참 듣기 좋았어요. 그분이 기도하는 소리를
듣고 같이 "아멘, 아멘" 했더니 하늘에서 은혜의 햇살이 내려

오는 것 같았어요. 말할 수 없는 포근한 느낌이 들었어요. 기도하는 말 속에는 하나님의 만져 주심과 사랑이 같이 있어요. 어떤 사람을 위해 기도한다는 것은 그 바탕에 이런 좋은 뜻이 깔려 있는 거예요. 그리고 사랑과 섬김이 없으면 그것은 하나님의 역사가 아니에요.

가끔 뉴스에서 기도해 준다며 사람을 때려 사고를 일으키는 낯 뜨거운 기사를 접할 때가 있지요. 그것이 기도인가 아닌가를 분별하는 기준은 그 기도에 사랑과 섬김이 있는지 여부예요. 거기에 하나님의 긍휼이 더해져서 신유의 은사가 나타난다고 이해하면 돼요.

예수님은 하나님이신데 왜 굳이 병든 사람들의 몸에 손을 대고 병을 고치셨을까요? 마태복음 8장에 보면 예수님이 산상수훈 설교를 마치고 산에서 내려오셨을 때 한 나병 환자가 예수님께 나아와 절하면서 "주여 원하시면 저를 깨끗하게 하실 수 있나이다"(마 8:2)라고 말하는 장면이 나와요.

당시에 나병 환자가 밖에 나와서 돌아다니면 돌에 맞을 수도 있었어요. 그런데 얼마나 간절했는지 그는 산 밑에서 예수님을 기다렸어요. 예수님이 내려오시는 것을 보자마자 가까이 가서 엎드려 절하면서 그렇게 말했던 거예요. 감히 고쳐달라는 말도 못하고 그저 "원하시면 저를 깨끗하게 하실 수 있나이다"라고 말했어요.

이 말 속에는 나병 환자의 겸손함과 간절함이 다 들어 있어요. 나병에 걸린 자신의 몸도 더럽지만 자기의 영혼도 죄인이라는 것을 동시에 고백한 것이죠. 다시 말해 그 말의 뜻은 '주는 하나님이시니 주께서 원하시기만 하면 내 몸의 병도 영혼의 깊은 죄악도 다 씻어 주실 수 있습니다'라는 고백이에요. 그는 예수님께서 자신의 아픈 몸과 죄를 다 씻어 주시고 영혼을 낫게 해 주실 수 있다는 것을 믿었어요. 예수님께서는 그 말을 다 알아들으셨고 그의 믿음에 감동하셨어요.

그렇다고 해도 예수님께서 그를 고치실 때 말씀으로만 "네 믿음대로 될지어다" 하셔도 돼요. 그런데 예수님은 나병 환자의 몸에 손을 대셨어요.

"예수께서 손을 내밀어 그에게 대시며 이르시되 내가 원하노니 깨끗함을 받으라 하시니"(마 8:3).

스킨십에는 사랑이 있습니다. 부모가 아이를 혼내었다면 나중에라도 등을 토닥여 주거나 안아 주어야 합니다. 사람들이 싸울 때도 손을 잡으면 싸울 수가 없어요. 서로 손을 잡는 순간 거친 말과 행동이 사라져요. 손을 잡고는 독한 말을 못 해요. 손을 댄다는 것에는 그런 비밀이 있어요. 그것이 기도할 때 보디랭귀지가 중요하다고 말하는 이유예요. 그냥 가만히 앉아서 기도하는 것도 나쁘진 않지만 하나님께 훨씬 더 적극적으로 자신을 표현하는 방법이 무릎을 꿇거나 고개를 들거나 손을 드는 거예요. 그리고 찬양할 때도 입으로만 하는 것과 몸을 흔들면서 전심으로 기쁨을 표현하는 것이 달라요. 몸으로 찬양하는 것을 '몸 찬양'이라고도 하니까요.

예수님께서 그에게 손을 대신 것은 말할 수 없는 사랑의 표현이었어요. 예수님은 이 나병 환자에게만 손을 대신 것이 아니에요. 우리가 너무 잘 아는 베드로 장모의 열병을 고쳐 주실 때도 손을 잡으셨어요. 열병은 전염병인데도 아랑곳하지 않으셨어요. 성경에 보면 예수님께서 베드로 장모의 열병을 고쳐 주실 때 "그의 손을 만지시니 열병이 떠나가고 여인이 일어나서 예수께 수종들더라"(마 8:15)라고 되어 있어요. 말씀만 하셔도 충분할 텐데 그들의 몸에 직접 손을 대신 것은 분명 깊은 사랑의 표현이에요.

그의 눈에 내 눈을

성경에 등장하는 병 고치는 이야기 중에 제가 정말 좋아하는 부분이 있어요. 엘리야가 사르밧 과부의 아들을 살려 내는 열왕기상 17장과 엘리사가 수넴 여인의 죽은 아들을 일으키는 열왕기하 4장이에요.

엘리야가 사르밧 과부의 집에 가서 3년 정도 지내고 있었는데 그러는 중에 과부의 아들이 병들어 증세가 위중하다가 숨이 끊어지고 말아요. 그러자 그 여인이 "하나님의 사람이여 당신이 나와 더불어 무슨 상관이 있기로 내 죄를 생각나게 하고 또 내 아들을 죽게 하려고 내게 오셨나이까"(왕상 17:18)라면서 원통해해요. 그때 엘리야가 여인의 품에서 그 아들을 받아 안고는 자기가 기거하는 다락방으로 올라가 자기 침대에 눕혀요. 엘리야의 심정이 어땠을까요? 엘리야는 하나님으로부터 이 가난한 과부의 집에 가서 머물라는 명령을 받고 그 집에서 숙식을 제공받았거든요. 근데 그가 기거하는 중에 아들이 죽었으니 엘리야가 얼마나 비통했겠어요.

하지만 그 과부의 가정을 구원하시려는 하나님의 놀라운 계획이 엘리야의 행위를 통해 기적으로 나타나요. 그 아들을 안고 올라가 자기 침상에 눕힌 엘리야는 하나님께 울부짖으며 기도해요. 그런 다음 죽은 자를 그냥 일으킬 수도 있을 텐데 그러지 않고 자기의 몸을 그 아이의 몸 위에 세 번이나 펴서 엎드려요. 그러고는 이렇게 부르짖어요.

"내 하나님 여호와여 원하건대 이 아이의 혼으로 그의 몸에 돌아오게 하옵소서"(왕상 17:21).

마침내 그 아이의 혼이 몸으로 돌아와 아이가 살아나게 되지요.

죽은 사람의 몸을 만져 본 적이 있나요? 저는 예전에 죽은 고양이를 만져 본 적이 있어요. 몸이 딱딱한 것이 정말 섬뜩했어요. 저희 시아버님께서 작년에 소천하셨을 때도 제가 돌아가신 아버님의 발을 만져 보았어요. 그래서 죽은 사람에게 자기 몸을 엎드린다는 것이 무슨 의미인지 어느 정도 알아요.

엘리야 이전까지 성경에는 죽은 자를 살린 기적이 없었어요. 엘리야가 최초였어요. 성경에서는 엘리야가 우리와 성정이 같은 사람이라고 얘기해요(약 5:17 참조). 그런데도 아이를 살리겠다는 일념으로 그런 행동을 한 것을 보면 엘리야는 정말 대단한 사람이에요. 하지만 스승 엘리야가 보여 준 신유의 사건보다 더 절절하고 현장감 있게 전달되는 사건이 제자 엘리사의 이야기예요.

엘리사를 지극 정성으로 섬긴 수넴 여인은 하나님의 선지자에게 충성한 일로 은혜를 받아 아들을 얻는 축복을 받았어요. 그 여인은 아들이 없었고 남편은 나이가 많았거든요. 그런데 어렵게 얻은 아들이 열병이 나서 갑자기 "내 머리야, 내 머리야" 하다가 얼마 안 가 죽었어요. 그러자 수넴 여인은 죽은 아들을 엘리사의 침상에 눕히고 급히 엘리사가 있는 갈멜산까지 가서 선지자의 발을 끌어안아요. 내막을 안 엘리사는 자신의 지팡이를 사환 게하시에게 주면서 "나보다 네가 앞서가서 그 아들을 살려라"라고 말해요. 그런데 여기서 그녀의 집에 도착한 게하시가 죽은 아들에게 기도하는 방식을 보면 나중에 엘리사가 행한 방식과 적나라하게 대비가 돼요.

"게하시가 그들보다 앞서가서 지팡이를 그 아이의 얼굴에 놓았으나 소리도 없고 듣지도 아니하는지라 돌아와서 엘리사를 맞아 그에게 말하여 아이가 깨지 아니하였나이다 하니라"(왕하 4:31).

게하시는 엘리사가 시키는 대로만 했어요. 말 그대로 소극적이고 영혼 없는 기도만 한 것입니다. 반면 그 집에 도착해 자기 침상에 누워 있는 수넴 여인의 아들을 본 엘리사는 어떻게 기도했을까요? 성경에 보면 엘리사도 엘리야처럼 그 죽은 아이의 몸에 자기 몸을 포개어 엎드려요. 그리고 엘리야보다 조금 더 적극적으로 독특하게 기도해요.

"아이 위에 올라 엎드려 자기 입을 그의 입에, 자기 눈을 그의 눈에, 자기 손을 그의 손에 대고 그의 몸에 엎드리니 아이의 살이 차차 따뜻하더라"(왕하 4:34).

이것이 바로 신유 은사가 있는 중보자가 갖춰야 할 태도예요. 우리가 그 사람의 눈이 되고 입이 되고 손이 되는 것, 내 살을 죽은 사람의 살에 대는 것은 도저히 일어날 것 같지 않는 절망에 내 몸을 포개는 것과 같아요. 엘리야와 엘리사가 보여 준 사건에는 아픈 사람을 위해 그만큼 절절하게 기도하라는 뜻이 담겨 있어요.

예수님은 하나님이시지만 열병에 걸린 베드로 장모의 손을 만지셨어요. 그리고 진물 나는 나병 환자의 몸에도 손을 대셨어요. 그건 하나님의 사랑이었어요. 엘리사가 먼저 하나님께 기도하고 죽은 아이의 눈과 입과 손에 몸을 댔을 때 그 아이의 살이 차차 따뜻해졌어요. 그 후에 일어나서 방 안을 왔다 갔다 하다가 다시 그 아이의 몸에 엎드려요. 그랬더니 그 아이가 일곱 번 재채기를 하고 일어났어요.

몸과 마음이 아픈 사람, 나아가 우리 주변 사람을 위해서 중보기도할 때 우리의 자세가 그래야 해요. 그들의 고통에 공감하고 그에게 마음을 열고 내 정성을 다해 하나님 앞에 기도하는 거예요. 엘리사도 한 번 기도하고 죽은 아이의 살은 따뜻해졌지만 완전히 깨어난 것은 아니었어요. 그래서 방 안을 왔다 갔다 하다가 다시 엎드렸어요. 게다가 그 방에는 엘리사와 죽은 아이밖에 없었어요. 기도는 보란 듯이 떠벌이면서 하는 것이 아니에요. 나와 하나님 사이에 깊은 대화를 나누려면 골방에서 꾸준히 기도하는 것이 필요해요. 우리가 아픈 사람을 위해 그렇게 기도하면 정말로 그 사람의 병이 낫고 하나님의 선하신 손길이 그 교회 안에 충만해져요.

저도 나름대로 아픈 사람들을 위해 지속적으로 기도하고 제 몸의 아픈 부분을 가지고도 기도해 왔어요. 다만, 제가 약사이기 때문에 아픈 사람을 위해 기도하는 것은 처음부터 걸림돌이 있었어요. 저에게는 약이라는 것이 있잖아요. 이런 문제를 두고 하나님께서 어떻게 응답해 주셨는지는 다음 강에서 말씀 드리도록 하겠습니다.

하나님, 감사합니다. 하나님은 사랑이십니다. 하나님이 보시기에 우리 모두가 아픈 자요, 위로와 치료가 필요한 사람입니다. 그래서 예수님은 "수고하고 무거운 짐 진 자들아 다 내게로 오라 내가 너희를 쉬게 하리라"(마 11:28) 말씀하셨습니다. 주께서 우리를 부르신 이름이 수고하고 무거운 짐 진 자들이었습니다. 하나님 아버지, 우리 중에 병든 자도 많고 마음이 아픈 자도 많고 문제가 앞을 가로막고 있는 자도 있습니다. 우리 모두에게 하나님의 위로와 하나님의 임재가 필요합니다. 주님, 회복의 말씀을 주시옵소서. 주님이 나병 환자에게 손을 대신 것같이 지금 기도하는 우리에게 주님의 거룩하신 손을 대시옵소서. 성령이여, 임하시옵소서. 이 기도를 함께하는 모든 자녀에게 성령께서 친히 임하시옵소서. 우리의 기도가 예수 그리스도의 은혜로 깊어지게 하시고 그 기도를 통하여 우리 영혼이 낫고, 가정이 세워지고, 우리 교회에 하나님의 임재가 충만해지는 놀라운 역사를 꿈꾸고 바라봅니다. 하나님 아버지, 한 사람 한 사람에게 기름 부으시고 선하신 말씀을 들려주시옵소서. 감사하오며 예수님의 이름으로 기도합니다. 아멘.

19강

약으로만 낫겠니

약사가 말하는 기도해야 하는 이유

<진약사의 기도학교>
유튜브 19강 바로 시청

앞에서 제가 약사이기 때문에 치유기도를 할 때 조금 어려운 점이 있었다고 말했지요. 제가 그 문제로 하나님께 기도하면서 어떻게 해야 할지 질문한 적이 있어요. 그 고민이 시작된 배경은 이랬어요.

저희 교회를 개척하기 전에 남편이 전도사로 섬기던 교회 목사님은 늘 예배 끝 무렵에 축도하면서 병든 자들을 위해서 이렇게 선포기도를 하셨어요.

"당뇨병은 떠나갈지어다. 혈압도 내려갈지어다. 고혈압도 치료될지어다. 두통도 치료될지어다. 암도 떠나갈지어다."

제가 그 기도에 '아멘, 아멘'을 해야 하는데 잘 안 되는 거예요. 제 머릿속에는 그 병에 해당하는 약들이 지나갔거든요.

약사로서 약국을 운영하면 다양한 환자들의 질병 상담도 하게 돼요. 사람들은 단순히 진통제나 쌍화탕 한 병 사러 오면서도 저에게 한 마디씩 자기 병에 대한 고민을 털어놔요. 당시에 서른 살도 안 된 젊은 약사에게 큰 기대를 하진 않았겠지요. 그래도 약국에 오면 자신의 아픈 얘기를 해요. 1,000원 주고 500원 거슬러 가면서 서울대학교병원에 가서 할 질병 얘기를 저에게 하는 거예요. 머리가 아프고 어지럽고 소화가 안 된다, 관절염이 있어 몸이 시리고 아프다는 얘기를 하면서 한 번 먹을 약을 달라고 해요. 당시에 제가 너무 순진했던 것 같아요. 그들이 그렇게 질병을 얘기하면 언제나 '어떻게 치료를 할 수 있을까, 무슨 약을 줘야 하나, 저분의 질병의 원인이 뭘까' 고민하는 거예요. 그것이 습관이 되다 보니 교회에서 목사님이 선포기도를 하고 치유기도를 할 때 제 머릿속에는 그 병에 맞는 약이 지나가요. 그러니 남들은 모르지만 저 혼자만 아멘을 못 하는 거예요.

약국에서는 약사로서 약을 주고, 교회에서는 목사님의 기도에 아멘으로 화답하면 될 텐데 생각이 나뉘는 거죠. 어떤 때는 '약이 아닌가?' '약사라는 직업 자체가 틀렸나?' 혼란스럽기도 했어요. 기도할 때는 약이 잘 듣게 해 달라고 하기보다 그냥 그 병을 고쳐 달라고 하니까요. 기도의 초점을 어디에 맞춰야 하는지 옥상에 올라가서 기도할 때 몇 번이나 하나님께 질문했어요.

"하나님, 질병을 치료해 달라고 하면서도 제 뇌리에는 약이 떠오르니 어떻게 해야 하나요?"

그렇게 질문하면 하나님은 대부분 그 순간보다 어느 정도 지난 뒤 일상생활 속에서 응답을 주셨어요. 그 질문에 대해서도 하나님께서 나중에 딱 한 마디 하셨어요.

"사람이 약으로만 낫겠니?"

하나님 말씀은 언제나 심오해요. 오래 묵상하고 생각해야 하는 숨은 뜻이 있어요. 이 말씀에도 얼마나 깊은 뜻이 있는지 몰라요. 그 순간에도 그 깊은 뜻이 느껴졌어요. 제가 몇 년을 고민했던 것 같아요.

"약으로만 낫겠니"라는 말씀은 감사하게도 약사나 의사의 직업이 필요하다는 것을 전제로 하신 말씀이에요. '질병에 대해 연구하는 네 일은 정당하니 그 일을 열심히 해라, 하지만 그것으로만 사람이 낫겠느냐'는 뜻인 거죠. 또 거꾸로 생각하면 병을 치료하려면 물론 약을 제대로 써야 하지만 하나님께서 역사하시지 않으면 아무리 좋은 약을 써도 아무 소용이 없다는 뜻 아니겠어요? 약이 병을 치료하는 역할을 할 때 하나님께서 부족한 부분을 채워 주신다는 뜻이 아니라 그 약이 효과를 내는지 여부도 하나님께서 결정하신다는 뜻이에요. 약의 효능은 물론이고 모든 치유 과정 자체를 하나님께서 주장하신다는 것이죠. 그 말 속에는 하나님의 절대적인 권세가 들어 있어요.

전적으로 하나님께 의지한다는 것은

조금 다른 이야기지만 저는 대학에서 자연계열의 의학·병리학·생리학을 어느 정도 공부했고, 약사로서도 약국을 찾아오는 사람들의 필요에 부응하기 위해 학교에서 배운 것 못지않게 실전에서 연구한 것들이 있어요. '연구'는 영어로 'research'예요. 학창시절 영어 선생님 중에 항상 영어 단어를 접두어, 어근, 접미어로 나눠 분석해 가며 가르치신 분이 있었어요. 그런 식으로 영어 단어를 외우면 일부러 암기하려고 하지 않아도 저절로 기억이 나곤 했죠. 'research' 앞에 붙은 're-'는 '다시, 재차'라는 뜻이 있어요. 그리고 'search'는 '찾는다'는 뜻이고요. 그렇게 따지면 '연구'는 '다시 찾는다'라는 뜻을 가진 단어예요.

그러고 보면 'research'는 상당히 기독교적인 말이에요. 하나님께서 숨겨 놓으신 자연 세계의 법칙들을 찾아내는 것이라는 얘기죠. 하나님께서는 그냥 의미 없이 세상을 만드신 것이 아니라 하늘에는 하늘의 원리를, 바다에는 바다의 원리를 다 숨겨 놓으셨어요. 모든 것에 하나님의 근원적인 법칙이 들어 있고 그것에 따라 세상이 움직이는 거예요. 철학자나 과학자뿐 아니라 진리를 알아내려는 사람은 하나님께서 이미 만들어 놓으신 것을 찾아내는 사람들이에요. 하나님께서는 우리에게 열심히 진리를 찾으라고 말씀하세요. 예수님께서도 "구하라 그리하면 너희에게 주실 것이요 찾으라 그리하면 찾아낼 것이요 문을 두드리라 그리하면 너희에게 열릴 것이니"(마 7:7)라고 말씀하셨어요. 기도할 때도 이것이 그대로 적용돼요.

우리 주변에는 기도만 하거나 일만 하는 사람이 있어요. 신앙생활을 오래 하다 보면 자주 반복해서 듣는 설교 말씀이 있어요. '하나님의 힘에 의지하지 않고 자신의 힘으로 하려고 해서 실패했다. 그러니 하나님께 전적으로 의지해야 한다'는 얘기예요. 이 말씀은 분명 옳아요. 하지만 이것을 자기 나름대로 곡해해서 적용하는 것도 무척 심각해요. 하나님의 힘을 의지

한다면서 덮어놓고 기도만 하는 거예요.

예를 들면 제가 상담한 환자분 중에 당뇨병에 걸린 분들이 있어요. 어떤 분은 자신이 왜 당뇨병에 걸렸는지, 자신의 생활습관이 뭐가 잘못된 건지, 원인을 찾으면서 생활습관을 교정하고 처방약도 잘 챙겨 먹고 운동도 하면서 하나님께 치료해 달라고 기도하는 분이 있는가 하면, 그냥 먹고 싶은 대로 다먹고 생활습관도 그대로 둔 채 기도만 하는 분들도 있어요. 어느 것이 전적으로 하나님께 의지하는 걸까요?

금식기도나 작정기도를 할 때도 자신이 해야 하는 몫은 하면서 기도를 해야 맞아요. 어떤 것도 놓쳐서는 안 되는 부분이에요. 하나님께서 아담과 하와가 범죄하여 에덴동산에서 그들을 추방하실 때 "너는 네 평생에 수고하여야 그 소산을 먹으리라… 네가 흙으로 돌아갈 때까지 얼굴에 땀을 흘려야 먹을 것을 먹으리니"(창 3:17-19)라고 말씀하셨어요. 수고로운 노동을 해야 노동의 결과물을 얻는 처지가 되고 말았어요. 가인이 동생 아벨을 죽인 후, 하나님은 가인에게 "네가 밭을 갈아도 땅이 다시는 그 효력을 네게 주지 아니할 것이요 너는 땅에서 피하며 유리하는 자가 되리라"(창 4:12) 하며 실패를 예고하세요. 그 전에는 수고만 하면 소산을 얻을 수 있다고 했는데, 가인이 살인을 저지른 이후에는 수고를 해도 땅이 소산을 주지 않는 대요. 무엇을 해도 실패할 거라는 말씀이죠.

지금 우리에게는 실패가 일상화되어 있어요. 실패할까 봐 새로운 도전을 못 해요. 내 힘으로 해야 하는 것도 무서워서 못하고 아예 기도만 한다는 얘기예요. 어떤 교회는 나가서 전도도 하지 않으면서 새신자들이 오게 해 달라고 간구해요. 행동하지 않는 기도는 한계가 있어요. 어떻게 사람이 그냥 골방에 앉아서 기도만 계속할 수 있겠어요? 나가서 일도 해야 하고 사람도 만나야 하고 전도도 해야 해요. 그러면서 전심으로 기도도 해야 해요.

에디슨이 "천재는 99%의 노력과 1%의 영감으로 이루어진다"는 유명한 말을 남겼죠. 중·고등학생 때 학교 어딘가에 붙어 있던 말이었는데 누가 그 말에 대해 해석해 주진 않았지만 그때 제 나름대로 '99만큼 노력해야 한다니 정말 엄청 많이 노력해야 하는구나' 하고 이해했어요. 아마 대부분의 사람도 '노력만 하면 영재가 될 수 있고, 성공할 수 있다'는 말로 생각했을 거예요.

하지만 에디슨의 본래 의도는 그런 뜻이 전혀 아니었다고 해요. '1%의 영감이 없다면 99%의 노력은 무용지물이다'라는 의도로 했던 말이었다고 해요. 에디슨은 아마 독실한 크리스 천이었던 것 같아요. 그에 따르면 99%의 노력은 기본으로 해야 해요. 자기가 할 수 있는 모든 노력을 기울여야 한다는 것이죠. 하지만 나머지 1%가 없으면 99%만 가지고는 아무런 성취도 이룰 수 없어요. 그 1%가 핵심 열쇠라는 거예요.

그런데 우리는 에디슨의 원래 의도를 알고 나서도 1%가 전부라고 생각해서 99%의 노력을 무시해요. 노력이라고 해 봐야 하나님 앞에 기도하는 노력 정도로만 생각해요. 한 달, 1년을 작정하고 기도한다고 해도 우리가 하루 24시간 중 몇 시간이나 기도하겠어요?

어떤 사람은 새벽에 일찍 일어나서 새벽기도를 다녀오는 것으로 하루를 완전히 기도했다고 착각해요. 물론 굳은 의지가 없으면 새벽기도 가는 것도 어려워요. 그만큼 너무 중요하지만 새벽기도는 그냥 새벽기도예요. 새벽 시간을 하나님께 드린 거지 하루 종일 기도했다고 할 수는 없어요. 그렇게 치면 새벽에 가서 한 시간 기도하는 거나 저녁에 다른 데 쓸 시간을 아껴서 교회 가서 한 시간 기도하는 거나 같지 않나요? 그런데 새벽기도만 지나치게 신성시하는 경향이 있는 것 같아요. 아무튼 내 힘으로 열심히 하는 99%의 노력은 아무리 강조해도 지나치지 않아요.

베드로가 깊은 바다로 가서 그물을 내렸을 때 하나님께서 그물에 고기가 걸리게 하셨어요. 하나님께서 처음부터 물고기를 잡게 해 주실 거였다면 베드로가 배를 몰고 바다 한복판으로 나갔을 때 그물을 던지지 않아도 물고기들이 배로 뛰어들어오게 해도 되었어요. 하지만 그렇게 하지 않고 굳이 피곤한 베드로에게 배를 타고 깊은 데로 가서 다시 그물을 내려 고기를 잡으라고 하셨어요. 하나님께서는 베드로가 할 수 있는 땀과 눈물을 요구하신 거예요. 우리 역시 모든 면에서 그렇게 해야 한다는 거죠.

병이 낫는 치유도 마찬가지예요. 긍정적인 마음을 갖고, 생활습관과 언어습관을 고치고, 꾸준히 운동하고, 나의 질병에 대해 공부하고, 병원의 도움도 받는 노력을 들이면서 동시에 기도로 하나님 앞에 은총을 구했을 때 모든 것이 완성돼요.

하나님 아버지, 감사합니다. 하나님은 하늘 위에 계신 분이지만 사람처럼 낮아지셔서 우리 가운데 거하시고 우리가 무엇을 하든지 다 살펴보십니다. 하나님을 일컬어 관찰하시는 하나님이라 하였습니다. 우리에게 지혜를 주시옵소서. 우리가 아픈 몸을 잘 관리할 수 있는 지식과 지혜를 주시옵소서. 우리에게 열심히 배울 마음을 주시옵소서. 우리 주변에 지혜 있는 전문인을 많이 세워 두셨습니다. 약사, 의사 또 좋은 목사님들도 있습니다. 하나님, 우리가 그분들에게 기꺼이 배우며 함께 선을 이루기를 원합니다. 우리에게 그런 지식의 마음, 지혜의 마음을 주시옵소서. 게으름 피우지 않고 열심히 주를 섬기겠습니다. 열심히 배우며 매일 매일 하나님 앞에 나아가겠습니다. 겸손한 마음으로 기도하겠습니다. 우리가 노력하고 애쓰는 모든 것 위에 결실을 맺는 기쁨을 더하여 주시옵소서. 우리의 치유와 회복이 하나님께 있습니다. 우리의 모든 눈물을 주의 병에 담으시는 것도 하나님 당신께서 행하시는 일입니다. 하나님 아버지, 우리의 수고가 하나님의 뜻 안에서 열매 맺기를 간절히 바라옵고 원합니다. 예수님의 이름으로 기도합니다. 아멘.

20강

의외로 강력한
초신자의 기도

기 도 에   적 용 되 는   하 나 님 의   셈 법

<진약사의 기도학교>
유튜브 20강 바로 시청

누구나 능력 있는 기도를 하고 싶어 합니다. 우리의 기도에는 실제로 얼마만큼의 능력이 있을까요? 그것을 점검해 보면 기도할 때 낙심치 않을 수 있어요. 의외로 초신자의 기도도 능력이 크거든요.

우리 교회 성도 중에 외국인 주부가 있어요. 우리나라로 시집을 온 거죠. 20대처럼 앳되어 보이지만 지금 중학생인 아들도 두었어요. 우리말이 서툴긴 해도 의사소통에는 별 문제가 없고요. 심성이 착하고 성실해서 예배도 잘 드리는 분이지요. 약국에서 저를 도와 일하고 있는데, 그 성도님 생활 속에도 힘든 일이 많아요. 어린 나이에 타국에 시집와서 살자니 당연하겠지요.

제가 안타까운 마음에 그분에게 매일 저녁 교회에 나와서 기도해 보라고 권했어요. 그러면서 "기도의 능력이라는 게 본래 나의 능력이 아니라 하나님의 능력이기 때문에 당신의 믿음이 약해도 매일 매일 기도하기만 하면 하나님께서 앞서가셔서 몇 배로 일해 주신다. 기적을 맛볼 수 있을 것이다. 지금 당신이 처해 있는 환경에서 바라볼 수 있는 것은 하나님밖에 없는 것 같으니 한 1년만 그렇게 기도해 봐라"라고 얘기해 줬어요. 그랬더니 그분이 제 말을 듣고 정말 저녁마다 기도하러 나왔어요. 저는 그분의 결단과 행동에 감동했어요. 교회에서 수없이 많은 성도에게 매일 기도하자고 해도 이분처럼 얼마 안 가서 바로 시도하는 예는 별로 없었거든요. 저녁마다 거르지 않고 기도하는 그 모습이 너무 귀해서 하나님께서 저 사람에게 어떻게 역사해 주실까 하는 기대가 생기더라고요. 지금 기도한 지 한 1년 됐을까요? 그분의 삶에 깜짝 놀랄 만한 간증이 있더라고요. 함께 기뻐하면서 계속 기도하고 있습니다.

저희 부부가 교회를 개척한 초기였어요. 많이 지쳐 있었죠. 몇 안 되는 연약한 성도들, 약국 운영도 병행하자니 모든 것이 버거웠어요. 매일 기도하는 것에 비해 별로 진척이 없는 것 같았어요. 어느 날인가 하나님 앞에서 "아무리 기도해도 하나님 아무것도 없어요. 아무것도 없어요"라며 반복해서 탄식했어요.

그랬더니 어느 밤에 제가 꿈을 꾸었어요. 꿈속에서도 제가 탄식하고 있었어요.

"아무것도 없어. 아무것도 없어!!"

그때 어떤 목소리가 "네 발밑을 봐라"라고 해요. 발밑을 보니 제가 아주 맑은 물이 흐르는 모래 위에 서 있었어요. 그 맑은 물속에서 모래알들이 반짝이면서 물결 따라 흔들렸어요. 보석 같이 맑은 물이 제 발밑에서 흐르는 것을 보고 '어디서 예쁜 물이 흐르는 거지?' 했더니 그 목소리가 다시 보라고 해요. 다시 보니 물이 무릎까지 올라왔어요. '어라 이 물이 언제 이렇게 많아졌지?' 하니까 목소리가 또 다시 보래요. 물이 허리까지 차오르고 다시 "봐라" 해서 봤더니 이젠 시퍼런 물이 넘실대는데 너무 깊어서 바닥이 안 보일 정도예요. '내가 물 위에 서 있는 건가? 빠지는 거 아니야?' 하는 순간에 제가 그 물에서 아주 유유히 헤엄을 치고 있었어요. 저는 수영을 못하는데 꿈에서 아주 자연스럽게 헤엄을 쳤어요. 헤엄쳐 물 밖으로 나와서는 물가를 몇 발자국 걸어가고 있는데 거기 모래바닥에 100원짜리 동전이 떨어져 있었어요. '어, 웬 동전이지?' 하고 동전을 주웠어요. 다시 몇 발자국 걸어가니 또 동전이 떨어져 있었어요. 걸음마다 동전이 떨어져 있는 거예요. 좀 가다 보니까 500원짜리도 있어요. 저는 계속 동전을 주웠어요. 그러다 꿈에서 깨어났어요.

깬 후에 이 꿈이 무슨 뜻인지 묻자마자 하나님께서 응답해 주셨어요. 가만히 생각해 보니 성경에 나오는 장면 같지 않나요? 물이 발목, 무릎, 허리 그다음에 사람이 건너지 못할 강을 이루는 장면 생각나세요? 성경 에스겔서 47장에 성전 문지방 밑에서 물이 나오는 에스겔의 환상 이야기예요. 처음에 성전 문지방 밑으로 물이 스며 나오더니 발목까지 찼고 천사가 물길을 따라 천 척을 측량한 후에는 무릎까지, 다시 천 척을 측량한 후에는 허리까지, 그다음에는 사람이 건널 수 없는 강이 되어 마침내 바다에 이르는 환상이에요. 에스겔이 하나님이 베푸시는 차고 넘치는 은혜를 본 거예요.

저 역시 제 발밑에 맑은 물처럼 하나님의 은혜가 흐르고 있고 그것이 어느새 제가 건너지 못할 강이 될 것이라는 응답을 받았던 거예요. "네가 생각하는 것만큼 아무것도 없는 것은 아니다. 네가 생각하는 것 이상으로 하나님이 너와 함께하고 계신다"는 귀한 메시지를 받은 거죠.

내 기도의 가치는 얼마?

그러면 바닥에 떨어져 있던 동전은 무엇이었을까요? 지금 생각해도 절묘한 비유인데, 제 기도의 가치라고 하시더라고요. 하나님께서 후하게 쳐주실 수도 있었겠지만, 그때 제가 드렸던 기도가 약했던 모양이에요. 그래서 100원짜리 서너 번, 가끔 500원짜리가 되기도 했지만, 지폐인 적은 없었어요. "이렇게 모아서 언제 영적인 파워가 생기겠어요?"라고 물었더니 하나님께서 저에게 주신 응답이 "그렇기 때문에 매일 기도해야 하는 거다"라고 하셨어요. 매일 하는 기도가 능력 있는 기도이고, 그렇게 매일 하다 보면 그 기도의 가치가 없어지지 않고 쌓인다고 해요. 에스겔의 성전 문지방 밑에서 나온 물이 분명 발밑에 깔리는 수준이지만 어느 순간 마치 복리 이자처럼 불어나 어마어마한 강물을 이루듯이 하나님의 은혜도 흘러넘치는 강물이 되는 거예요. 우리의 기도가 보잘것없는 것 같아도 멈추지 말고 계속해야 하는 이유예요.

한 번 드린 기도가 100원짜리라니 겸손해질 수밖에 없겠지요. 하나님께서 제 기도를 후하게 쳐주셨다면 교만해졌을 거예요. 스스로 신령한 자로 여기는 것은 위험합니다. 스스로를 낮추세요. 영화로우신 하나님이 우리와 끊임없이 함께하시고 영광을 주신다는 것, 나중에 심히 창대하게 해 주신다는 것만 생각해도 우리는 스스로 높이려고 애쓸 필요가 없어요. 매일 그런 마음으로 30년쯤 기도해서 여기까지 왔고, 앞으로 또 어떤 영광을 보게 될지 생각하면 괴로움은 잊어버리게 돼요. 그래서 '기도학교'도 조금 속도를 내고 있어요. 여러분도 그런 제 마음 다 아실 테고 하나님도 아시겠죠. 여러분에게 더 선하신 하나님의 손길이 나타나기를 날마다 소망합니다.

하나님 아버지, 감사합니다. 하나님은 우리의 아버지가 되십니다. 우리가 한 걸음 다가갈 때 하나님은 열 걸음 다가오십니다. 우리의 미약한 기도와 헌신에도 깊이 감동하시고 우리와 함께하사 에스겔의 강물처럼 나중에는 사람이 능히 건너지 못할 강이 되게 하시는 하나님, 그 영광을 찬양합니다. 하나님, 지금 이 기도학교에 함께하는 당신의 사랑하는 성도들을 깊이 어루만지시옵소서. 그들의 절박한 문제를 다 헤아리고 계신 줄 믿습니다. 당신의 자녀들이 기도할 때 하늘 문을 열어 주시옵소서. 지금 이 순간에도 하늘 문을 열어 주시옵소서. 우리의 기도를 들으시는 하나님, 성령이여, 임하시옵소서. 자녀들의 기도를 향기처럼 흠향하신다고 하셨습니다. 우리의 기도가 주님 앞에 향기처럼 흠향되기를 원하오며 우리가 간절히 기도하고 손을 드는 것이 저녁 제사같이(시 141:2) 주께 열납되기를 소망하옵니다. 하나님, 그 음성 들려주시옵소서. 이 기도를 함께하는 당신의 자녀들에게도 함께하시는 주님을 느낄 수 있도록 음성 들려주시고, 꿈의 창도 열어 주시고, 삶에 작은 기적이 날마다 쌓여 가게 하옵소서. 감사하오며 예수님의 이름으로 기도합니다. 아멘.

"기도를 멈추지 마세요"